基于深度学习的高中数学教学研究

杨　洁　郭繁华◎著

延邊大學出版社

图书在版编目（CIP）数据

基于深度学习的高中数学教学研究 / 杨洁 , 郭繁华
著 . -- 延吉 : 延边大学出版社 , 2022.12
　　ISBN 978-7-230-04427-1

　　Ⅰ . ①基… Ⅱ . ①杨… ②郭… Ⅲ . ①中学数学课—
教学研究—高中 Ⅳ . ① G633.602

　　中国版本图书馆 CIP 数据核字（2022）第 238445 号

基于深度学习的高中数学教学研究

著　　者：杨　洁　郭繁华
责任编辑：翟秀薇
封面设计：星辰创意
出版发行：延边大学出版社
社　　址：吉林省延吉市公园路 977 号　　　邮　编：133002
网　　址：http://www.ydcbs.com　　　　E-mail：ydcbs@ydcbs.com
电　　话：0433-2732435　　　　　　　传　真：0433-2732434
印　　刷：天津市天玺印务有限公司
开　　本：787 毫米 × 1092 毫米　　　1/16
印　　张：10
字　　数：200 千字
版　　次：2022 年 12 月第 1 版
印　　次：2024 年 3 月第 2 次印刷
书　　号：ISBN 978-7-230-04427-1

定　　价：62.00 元

前　　言

　　数学在人类文明的发展中起着非常重要的作用，数学推动了重大科学技术进步，为人类生产和生活带来了效益。现代社会的发展日新月异，我们生活在一个数字化的信息时代，数学的应用越来越广泛，数学的内容、思想、方法和语言已广泛渗入自然科学、社会科学以及人们生活的各个方面，数学与人们的联系日益紧密。在日常生活和工作中，人们学习和应用数学的需求不断上升，如天气趋势预测、商场打折促销、家庭投资理财、电脑图像设计等，都需要较强的数学意识和数学思维能力等。

　　高中数学的学习内容综合性强、体系庞大，对学生的思维能力要求高，因此高中数学教学不仅要帮助学生把知识点整合起来，培养学生的数学思维能力，还要把科学精神作为基点，发扬人文精神，提升学生的综合素质。新课程改革强调素质教育，注重发展学生的核心素养。

　　研究发现，深度学习有利于学生核心素养的养成，学生在深度学习过程中能够主动地学习新知识，并批判性地将其与已有的知识进行整合，具备将知识迁移到新的问题情境并解决问题的能力。随着现代科学技术的发展，数学的研究和应用领域得到极大的发展。教师需要引导学生从浅层的知识符号学习到深层的内容本质学习，培养学生的高阶思维能力。

　　本书通过梳理大量的文献厘清了高中数学教学的理论知识，论述了高中数学教学的重要性和高中数学教学的原则，介绍了深度学习的概念、深度学习的理论基础以及深度学习发生的过程模型。同时，从课程论、心理学、概念学以及逻辑学这四方面，对高中数学课程理论基础进行了探讨。在此基础上，系统地研究了基于深度学习的高中数学教学模式、高中数学教学策略以及高中数学教学设计实践。

　　本书在研究基于深度学习的高中数学教学时，注重理论与实践相结合的原则，一方面对高中数学教学的基础理论进行了论述，另一方面对深度学习在高中数学教学设计中的具体应用进行了分析。

本书既结合教学经验突出了学科特点，又注重内容的科学性与引领性，力争做到立意高而不空，案例新而不虚，旨在为高中数学教学提供一定的参考，为解决高中数学教学存在问题提出见解。

　　笔者在写作本书的过程中，参考和借鉴了一些专家和学者的观点，在此向他们表示深深的感谢。书中存在的不足之处，敬请各位专家、学者和读者朋友批评指正。

CONTENTS 目录

第一章　高中数学教学概述

第一节　数学教学概述

一、教学概述

（一）教学的概念

关于什么是"教学"，有人认为"教学就是传授知识、技能"，有人认为"教学就是上课"，也有人认为"教学就是智育"。

这些观点粗看起来似乎有几分道理，但深究起来却不难发现，这些观点都没有揭示出教学的科学内涵。从第一种观点来看，传授知识技能固然是教学的首要任务，但绝非唯一的任务。同时，教学是包括教师的"教"和学生的"学"的双边活动，而传授知识技能只反映了"教"的活动，却未能反映"学"的活动。第二种观点从教学的组织形式来给教学下定义，但这也不完整，因为教学除了以课堂教学为基本组织形式外，还有其他的组织形式，所以教学也不能等同于上课。第三种观点中提到的"教学"与"智育"，则是既有区别又有联系的两个概念，教学是学校实现教育目的的基本途径，属于学校教育活动（或工作）范畴，它与学校其他工作如思想政治工作、体育卫生工作、后勤管理工作等并列；智育则是社会主义全面发展教育的组成部分，属于教育内容范畴，与德育、体育、美育、劳动技术教育并列。教学除了要完成智育的任务外，还要完成其他教育的任务，是全面发展教育的具体实施方式和途径。智育除了以教学作为主要途径外，还有其他途径，如课外教育活动、社会实践等。因此，智育和教学并非对等、同一的关系，二者是部分交叉的关系。

因此，上述三种观点，实质上是把教学简单地等同于"教书"的传统教学观，这是一种不完整的、模糊的理论，会限制教学实践和教学改革。

教学的科学含义应当是：教师指导学生积极、主动地学习系统的科学文化和知识技能，发展学生的智力和体力，培养能力，使学生形成良好的思想品德和审美情趣的一种最基本的学校教育活动。也就是说，教学是在教师引导和学生参与下的教与学的统一活动，其目的是使学生掌握一定的知识技能，并获得全面发展。由此可见，教学不单纯是教书，而是通过教书来达到育人目的的教育活动。

教学与教育这两个概念之间也是既有联系又有区别的，二者是部分与整体的关系，教学是包含在教育之内的，是学校实施教育的一条基本途径。

（二）教学的特点

教学是学校实施全面发展教育的基本途径，是教师教、学生学两方面活动的统一，教学的特点表现在以下几个方面。

第一，教学以培养全面发展的人为根本目的，教学通过系统知识技能的传授和掌握，促进学生身心全面发展。

第二，教学由教与学两方面组成，教学是师生双方的共同活动，教学双方在活动中相互作用，教师的教服务于学生的学，学生的学是在教师指导下的自主学习。

第三，教学具有课内教学、课外活动、班级教学、小组教学、个别化教学等多种形态，教师和学生共同进行的课前准备、上课、作业练习、辅导评定等活动都属于教学。

第四，学生的认识活动是教学中的重要组成部分。

（三）教学的意义

教学是贯彻教育方针，实施全面发展教育，实现教育目的的基本途径。教学工作的具体意义如下。

第一，教学是系统传播知识、促进学生发展的有效形式，是社会经验的再生产，是适应并促进社会发展的有力手段。

第二，教学是实施全面发展教育、培养学生核心素养的重要环节。

第三，教学是学校教育的中心工作，学校教育工作必须坚持"教学为主，全面安排"的原则，必须坚持教学的主体地位。

二、数学教学概述

（一）数学教学的概念

从数学教学一词的语义上分析，数学教学是在教师引导下开展的数学活动，学生在这个活动中，可以掌握一定的数学知识，习得一定的数学技能，感受数学的思想方法，发展良好的思维能力，获得积极的情感体验，形成良好的思想品质。

人们对数学教学的认识是不断发展的，苏联数学教育家斯托利亚尔把数学教学定义为数学（思维）活动的教学。根据他的观点来看，数学教学既可理解为思维活动的结果，又可理解为思维活动的过程。现代教育理论从培养人才的需要出发，越来越强调教学的过程（即思维的过程），越来越强调培养学生能力，特别是培养学生思维能力的重要性。有些认识更加符合数学教学的规律，如强调师生双边活动，强调师生在数学教学活动中共同发展，强调数学教学不仅是知识的教学，还应该提高学生对数学及其价值的认识；关注情感因素在数学教学活动中的作用，全面认识教师在数学教学活动中的角色等。

然而由于教材编写受篇幅的限制，较多显示的是数学结论，对数学结论里面所隐含的数学思想、数学方法以及数学思维活动的过程，教材则较少提及。因此，为了让学生较好地理解与掌握数学，教师应精心设计课堂教学过程，展示数学思维过程，这样才有助于学生了解数学思想方法的产生、应用和发展的过程，理解数学思想方法的特征、应用的条件，发掘数学思想方法，把握数学教学的实质。

（二）数学教学的意义

数学教学的意义在于体现教的过程性和创造性。教师是数学知识的传播者，学生是数学知识的接受者，传播者和接受者之间是双向促进的，教师通过自己丰富的学识和教学经验来引导学生进行知识的理解掌握，学生根据所学知识对教师的教学进行反馈。

数学教学是师生共同发展的一个过程，需要师生双方共同参与、共同进步。教师在教学过程中努力促进学生的发展，因材施教，提高学生的数学成绩，学生对教师教授的知识进行理解反馈，同时教师在教学过程中又不断提升自己的教学思维。师生共同进步，这才是数学教学的意义所在。

第二节　高中数学教学的重要性

一、高中数学教学的特点

（一）高中数学教学的抽象性

随着我国经济的高速发展，我国各个行业中对于数学人才的需求日益强烈，数学专业越来越受到重视。但是，数学教学中存在的种种问题对其整体的发展情况起到了严重的制约作用。可以说，应用数学的抽象性思维，能够对探索事物的发展规律起到非常有效的帮助，但是就目前的教学水平来说，这种作用显然还发挥得不够充分。

数学科学的高度抽象性，决定了数学教育应该把发展学生的抽象思维能力规定为教学目标。培养学生从具体事物中抽象出数量关系和空间形式，把实际问题转化为数学问题的科学抽象能力。

（二）高中数学教学的严密性

严密性是高中数学的重要特点，也是对教学活动的要求。数学教学过程中，需要严密地控制教学语言的应用，尤其是教学活动中对不同的定理、定论的阐述，需要做出严谨的判定。教师的任何一点小小的失误，都会对实际教学效果产生极大的影响，会使学生对数学的认识产生非常大的变化。而这种变化一旦发生，就不是短时间内可以改变的。

高中数学的严密性是数学的重要特点，在数学的各个领域中都有广泛的应用。而这种应用并不仅仅是对高中数学教学的要求，同样也是对学生的要求。这就要求高中数学教师在课堂教学过程中，必须重视引导学生通过数学结论的学习，进而对结论的整体推导过程有一个明确的认识，尤其是要知道数学结论是怎么得出的。因此，教师在日常授课过程中，应该重视对学生的学习能力的培养，为学生养成良好的数学学习习惯做出努力。同时，在课堂教学内容的选择上，教师还应该对结论的推导做出有效的指导，帮助学生更好地掌握数学这门学科的核心素养。

（三）高中数学教学应用的广泛性

数量关系和空间关系在我们这个世界是普遍存在的。从理论上来说，整体宇宙中，这种联系都是不可分割的，可谓宇宙之大、粒子之微、火箭之速、化工之巧、地球之变、生物之谜、日用之繁，无处不用数学。因此，在日常生活、工作、生产劳动以及科学研究中，与数量关系和空间关系有关的问题是普遍存在的，数学应用具有普遍性。在高中数学教学中，重在让学生了解数学在各个领域中的应用，认识数学学习的价值，从而重视数学学习。高中时期的数学学习是为高等数学打基础，要让学生有较宽广的数学视野，针对实际生活中存在的问题，教师应该做出重点分析，通过对学生自主探究能力的培养，为社会的发展提供必要的人才支持。

数学在社会各个领域中都有普遍的应用，这一特点已经是不争的事实。在高中数学课程的设计过程中，需要重视数学应用的广泛性的特征，从这一特征出发，重点培养学生的数学思维能力，引导学生用数学思维解决生活中的实际问题。数学模型的应用对数学学科来说是非常重要的。在这种情况下需要任课教师重视对数学应用题的讲解，通过对不同问题提供不同的分析思路来培养学生的实践动手能力。应该看到，数学在实际应用过程中并不仅仅是一种工具、一种语言，更是一种良好、严密的思维方式。教师在引导学生的学习过程中，必须重视这一问题。当然，现阶段的数学教学同样需要对学生的基本数学能力做出相应的培养。只有打下良好的数学基础，才能够为学生日后的实际数学知识需求提供必要的帮助。

二、高中数学教学的作用

（一）为学生的进一步发展提供数学经验

高中数学教学是进一步提高学生文化科学素质的数学教育。经过高中数学教学，学生可以获得更高的数学素养，以适应现代生活。数学是锻炼思维的体操，高中数学课程进一步丰富了学生的数学语言，可以更好地改善学生的数学思维和价值观。学生通过高中数学课程的学习，可以掌握函数、极限、算法等重要的数学概念，在形象思维、直觉思维、逻辑思维等方面得到更大的提高，更有利于学生从数学角度认识问题、分析问题、解决问题。同时，学生在接受高中数学教育的过程中，通过不断解决具有挑战性的、情境丰富的数学问题，可以进一步提高学生的认识能力和交流能力，有助于学生形成实事求是、严谨认真、团结合作、质疑创新等良好的个人品质。另外，高中数学教学有利于提高学生的交流能力。高中数学是学习其他科学的基础和升学深造的基础，无论是学习高中其他课程还是进入大学学习，任何一个学科几乎都离不开数学，因此高中数学教学是承上启下的数学教学，是促进学生和谐发展的教学。

（二）培养学生的数学思维能力

传统的数学教学更强调知识的传授，片面地认为数学思维能力等同于解题能力，导致不少学生数学思维能力不足，听得懂课上讲授的知识点，却难以从容利用数学思维解决数学问题及与之相关的现实问题。高中数学教学是促进学生逻辑思维能力和抽象思维能力发展的重要途径。

高中数学教学本质上是思维能力的教学，即学生在教师的指导下，学习数学思维，发展智力。思维能力直接影响着学生解答数学问题的效率。由于学生的思维能力、思考方式在解决具体问题时存在着差异，而导致在面对同一个问题时，不同的学生会采取不同的方法进行解答，或者根本就不能解答。高中数学教师在教学过程中应有意识地培养学生的创新思维能力，这对提高学生高中数学知识的学习效率具有重要的促进作用。另外，创新思维能力并不是只停留在某一个阶段，如果学生不断进行创新思维能力的锻炼，那么将会养成运用创新思维思考问题的习惯，这对于学生进入更高学府、学习更深层次的知识都有很大帮助。

（三）强化高中阶段的育人作用

在高考这根无形的指挥棒的作用下，数学课容易形成"重知识，轻教育"的现象。专业知识在课堂教学中是很重要的，如何强调都不过分，但在强调专业知识的同时，不能忽视德育。德育的作用是很重要的，德育也是素质教育的重要内容。高中数学教师应通过专业知识的教学，从侧面揭示现实世界，反映人类文明。高中数学教师要做到既教书又育德，做到以真育人，以情感人，以德服人。

数学课是比较抽象、枯燥的。数学课要想生动活泼，就需要教师不断开发情感资源。一个抽象问题的解释、一个同类问题的联想、一个恰当的比喻、一个智慧的故事、一个生动的玩笑所折射出的人生哲理、数学文化与数学人文精神，对高中数学教学是十分有利的。实践证明，学生很喜欢听这样的数学课，且容易"亲其师，信其道"，在完成教学任务的同时，融洽师生感情。

三、提升高中数学教学质量的重要性

（一）提升高中数学教学质量是时代的要求

现阶段，我们正处于一个科学技术迅猛发展的时代。信息的数学处理已经成为几乎所有高科技项目共同的核心技术。从事先设计、制订方案，到试验探索、不断改进，再到指挥控制、具体操作，处处倚重于数学技术。因此，重视高中数学教学，提升高中数学教学质量势在必行。

（二）提升高中数学教学质量是数学学科自身特点的要求

1. 高度的抽象性

数学的内容是非常现实的，但它仅从数量关系、空间形式和一般结构等方面来反映客观现实，舍弃了与此无关的其他一切性质，表现出高度抽象的特点。数学语言的符号化和形式化的程度，是任何学科都无法比拟的，这给人们学习和交流数学，探索、发现新数学问题提供了很大方便。虽然抽象性并非数学所特有的，但就其形式来讲，数学的抽象性表现为多层次、符号化、形式化，这正是数学抽象性区别于其他科学抽象性的特征。因此，培养学生的抽象能力非常重要。

2. 严谨的逻辑性

数学的对象是形式化的思想材料，它的结论是否正确，可以通过严格的逻辑推理来证明。数学公理化方法是一种常用的数学方法，是指从尽可能少的不定义的原始概念（基本概念）和一组不加证明的命题（公理）出发，经过精确定义和逻辑推理而得到其他的全部概念和定理的、建立数学系统的方法。在数学公理化系统中，所有命题与命题之间都是由严谨的逻辑性联系起来的。从不加定义而直接采用的原始概念出发，通过逻辑定义的手段逐步地建立起其他的派生概念；由不加证明而直接采用作为前提的公理出发，借助于逻辑演绎手段而逐步得出进一步的结论，即定理；然后再将所有概念和定理组成一个具有内在逻辑联系的整体，这样就构成了公理系统。一个数学问题的解决，一方面要符合数学规律，另一方面要合乎逻辑。问题的解决过程必须步步为营，言必有据，进行严谨的逻辑推理和论证。因此，培养学生的分析、综合、概括、推理、论证等逻辑思维能力也是高中数学课程目标之一。

3. 应用的广泛性

人们的日常生活、工作、生产劳动和科学研究中，自然科学的各个学科中都要用到数学知识，这是人所共知的。随着现代科学技术突飞猛进的发展，数学更是成为从事各行各业必不可少的重要工具。每门科学的研究中，定性研究最终要划归为定量研究来揭示它的本质。每门学科的定量研究都离不开数学，当今，数学已渗入许多学科，并影响着它们的发展，甚至人们认为哪一门学科中引入了数学，就标志着该学科开始成熟起来。

在高中教育中，数学是重要的基础课程之一。数学学好了，会为物理、化学乃至其他课程的学习提供有利的条件，这对于学生进一步的学习和顺利融入社会都是很有利的。因此，考虑到数学应用的广泛性，更应提升高中数学教学质量。

4. 内涵的辩证性

数学中包含着丰富的辩证唯物主义思想，揭示了唯物辩证法的许多基本规律。数学的内容中充满了相互联系、运动变化、对立统一、量变到质变的辩证法的基本规律。例如，正数和负数、常量与变量、必然与随机、近似与精确、收敛与发散、有限与无限等等，它们都互为存在的前提，失去一方，另一方将不复存在，而且在一定条件下它们可以相互转化。数学方法也体现了辩证性，例如，数学中的极限方法就是为了研究和解决数学中"直与曲""有限与无限""均匀与非均匀"等矛盾问题而产生的，这就决定了极限方法的辩证性。数学发展过程也充满了辩证性，三次数学危机的产生和解决过程，就给了我们深刻的启示。在高中数学教学中，充分揭示蕴涵在数学中的诸多辩证规律，是对学生进行辩证唯物主义教育，促使学生形成正确数学观的有效策略。

第三节　高中数学教学的原则

教学原则是根据一定的教学目的和任务，遵循教学过程的规律而制定的对教学的基本要求，是指导教学活动的一般原理。教学原则阐明的是有效教学的原理，即如何"最有效地教"。教学原则是对教学经验的科学概括和总结，是对教学规律的反映和体现，受到教育目的的制约。

教学原则作为教学工作的基本要求和教学规律的具体体现，是教学取得成效必须遵循的各项基本准则，也是教师在教学过程中实施最优化调控所必须遵循的指导原理。它起着指导整个数学教学过程和规范各个教学环节的重要作用。教学原则带有很强的实践性，而且具有坚实的理论依据。它从对教学规律的认识中得出指导教学实际工作的结论，提出有效的行动要求。在整个教学活动中，教学原则既是教学活动的出发点，又是教学过程的总调节器，它在一定程度上具体决定着教学内容的安排、教学方法的选择和教学组织形式的运用。学习和掌握教学原则，能使我们按照教学的客观规律组织教学活动，解决一系列理论和实践问题。遵循教学原则进行教学工作，有助于提高教学质量。数学作为具有高度抽象性、逻辑严谨性、应用广泛性的一门学科，其教学有自身的特点和规律。数学教学原则是为反映数学教育规律而制定的指导数学教学工作的基本要求，是指导数学教学的一般性原理，是进行数学教学活动应遵循的准则。高中数学教学原则是根据数学教育的目标、数学学科的特点、学生学数学的心理特征以及数学教学的实践经验等概括而成的。

一、普遍性原则

将数学教学的普遍性原则分为两个层次：第一层次主要反映数学教育的目标、任务；第二层次由第一层次派生出来，更为细致地概括和表述对数学教与学的指导和要求。数学教学的一般原则主要包含：数学教学与全面和谐发展相统一原则、教师的主导性与学生的主体性相统一原则、数学思维的展示与数学认知结构的建构相统一原则。

（一）数学教学与全面和谐发展相统一原则

这一原则要求在高中数学教学的过程中，教师要将对学生进行的数学教育与学生的身心全面和谐发展有机地统一起来，把传授数学知识与培养学生智能、发展学生个性统一起来，真正实现数学教学的目标。这一原则可以派生出如下数学教学原则。

1. 数学教学的科学性与思想性相统一原则

该原则要求在数学教学的过程中，要确保数学知识、技能、思想、方法等教学内容正确无误，并注意教学内容的逻辑性与系统性，重视教学的思想性。

教师必须在传授教学知识的过程中对学生进行包括思想观点、情感、态度、价值观及个性品质等方面的教育，要挖掘教材的思想性，寓思想教育于数学知识的教学中。

2. 传授数学知识与培养智能相统一原则

这一原则要求师生在传授数学知识的过程中，要注重促进学生智力和能力的发展，充分锻炼学生的观察力、注意力、记忆力、想象力等智力因素，加强各因素之间的相互联系。另外，要注重对学生运算能力、空间想象能力、数学交流能力、解决问题能力、自学能力以及创新能力的培养，使学生在掌握数学知识和运用数学知识的同时，提高智力和能力水平。

3. 面向全体与因材施教相统一原则

这一原则要求数学教学既要使全体学生达到共同的基本要求，又要根据学生发展的心理特征及学生之间的个体差异实施教学。实际上，许多现代数学教育思想，如"大众数学"等，都反映了数学教学的广度、深度、进度要求。高中数学教学在符合全体学生发展水平需要的同时，还要使每个学生都能够在各自的基础上得到充分发展。

（二）教师的主导性与学生的主体性相统一原则

该原则指明数学教学过程是教师和学生共同活动的过程，在这个过程中，教师与学生相互联系、相互促进、共同发展，教师与学生各以对方的存在为自身存在的前提，互相依存，互相作用。学生只有在教师的组织、调节和指导下，才能迅速有效地掌握数学知识并获得发展；教师也只有在学生积极主动参与数学教学活动时，其指导、调节的作用才能发挥。因此，教师主导作用的实现，有赖于教师是否将学生视为认识发展的主体、数学教学活动的服务对象；学生的主体性也主要是在教师的指导下得以形成和发展的。良好的教学效果的取得，是教师充分发挥其主导性功能、学生积极主动发挥其主体性作用的结果。

1. 启发诱导与积极参与相结合原则

该原则要求在数学教学过程中，教师要善教乐教，善于创设问题情境，启发引导学生独立思考；学生要乐学善学，积极动脑、动口、动手参与数学教学活动，进行创造性的学习，在融会贯通掌握知识的同时，充分发展自己的思维能力与创新能力。

2. 合理组织与优化教学手段相结合原则

该原则指的是在数学教学的过程中，教师要根据教学任务、内容、学生特点选取有利于教学实施的教学组织形式，优选并综合运用多种教学方法和手段，发挥整体效应，提升高中数学教学的效果。

3. 反馈与调节相结合原则

该原则指明师生双方要在数学教学过程中，有意识地通过各种渠道，及时获得教与学的反馈信息，以便及时调节或强化教与学的活动，提高教学效率。该原则强调教与学活动中反馈与调节的联系。

（三）数学思维的展示与数学认知结构的建构相统一原则

该原则指明了在数学教学过程中要把遵循数学学科的科学性与遵循教学的规律性结合起来，教师要根据学生的认知发展水平，有效地揭示数学思维的过程；学生要通过数学教与学的活动，建构自己的数学认知结构。由这一原则可以进一步得到如下数学教学原则。

1. 抽象与具体相结合原则

从具体到抽象是认识的基本规律，也是数学教学必须遵循的基本规律。随着数学的发展，数学研究抛开具体事物对象的共有属性，而抽象概括出其本质属性进行探究。高中数学教师在教授抽象数学内容时，可多引用易于理解的实际事例，如立交桥、高压线等，都可以展示出异面直线的形象。教师在数学教学中应遵循从生动的直观教学到抽象思维教学，再从抽象思维教学到实践教学这一认识规律，变抽象难懂为直观易学。通过直观教学使学生形成感性认识，再经过抽象教学将其概括上升为理性认识。教具、模型、计算机软件等都可以用于直观教学，还可以让学生自己动手制作教具，加深对知识的理解。

2. 严谨与量力相结合原则

严谨性是数学的基本特征之一，作为科学的数学与作为教育的数学是有区别的：作为科学的数学，要有完整的理论体系、严谨的系统结构，推理论证要严格、语言要精练、结论要准确；而作为教育的数学，既要考虑数学的科学性，又要考虑数学教学的目标以及学生的接受能力。该原则反映了这种区别对于数学教学的要求，教师在数学教学中，要适当地把握所教内容的严谨性。考虑到学生的认知发展规律以及多数学生学习数学的用途，数学教学内容体系与数学科学体系可以有所不同。例如,数学教学中数系的发展经历了"自然数→算术数→有理数→实数→复数"的过程,这与科学数系的扩充过程"自然数→整数→有理数→实数→复数"是有区别的,而且数的运算所满足的运算律,并不随着数概念的扩充而逐个给予严格的论证,因为学生还不具备这种逻辑推证要求的水平。教师在数学教学中,要恰当地把握所教数学内容的严谨性,使得学生对所讲的内容有一个正确的理解。高中数学课堂设置的对数学理论的抽象程度及研究深度,应该是学生经过努力可以达到的,其要求是随着学生年龄和认知水平的增长而逐步提高的。教师在教学中对数学语言的运用要有一个准确化的过程,以使得学生能够接受。学生学习一项新的数学内容时,对数学语言及其符号表示会有些不适应或产生理解上的困难,教师要在讲解时尽量使用学生易于理解的语言,即教师数学语言的运用也要遵循学生的认知规律,有一个渐进的过程,使学生尽快掌握并熟练运用数学语言。

　　3. 巩固与发展相结合原则

　　数学教学既要考虑数学科学本身所具有的系统性,又要遵循学生数学认知结构形成与发展的规律性。知识的巩固有利于学生掌握和运用已有的数学知识,吸纳新知识,发展其数学认知结构,提高其理性思维水平。高中数学教学中,做数学习题是巩固学生所学知识的一种手段,但不是巩固学生所学的唯一手段,也不是学生所做的习题越多越有利于学生巩固所学的知识。高中数学教学中贯彻巩固与发展相结合的原则,需要认真研究记忆与迁移规律,认真研究学生对于不同类型数学知识的认识特点,精心、合理地设计教学过程。例如,可以通过归纳、类比等方法引导学生建立起事物之间的联系,把新知识纳入相应的知识系统中,使其成为系统的组成部分,进而更深刻地理解新知识。又如,立体几何知识的学习就可以类比于平面几何知识的学习,教师可以设计不同层次水平的练习题,指导学生正确地应用所学知识,适时地进行系统的复习,从而及时发现并弥补学生掌握知识方面的不足。

二、特殊原则

　　数学学科的特殊性,决定了数学教学除了坚持各科通用的、一般的教学原则外,数学教学原则必须具有鲜明的数学特色,能反映出数学教学的特点和规律。就数学教学的实际过程而言，数学教学原则可以概括为学习数学化原则、适度形式化原则、问题驱动原则和渗透数学思想方法原则。

（一）学习数学化原则

数学化是荷兰数学家弗赖登塔尔提出来的。数学学习的过程就是数学化的过程，与其说学习数学，不如说学习数学化。数学化，就是学会用数学的观点观察现实，运用数学的方法解决问题。

将这一原则运用在课堂教学上，就是要正确设定教学目标，突出所教内容的数学本质，显示课程所具有的数学价值。举例来说，如果教学内容是"方程"，那么按照数学家关肇直先生的建议，就要揭示方程概念的实质——为了寻求未知数，在已知数和未知数之间建立起来的一种等式关系。学生有了这样的数学化观念，就能将许多现实问题列为方程。

数学化和数学建模关系密切。我们在教学改革中，强调数学情境的创设，数据的采集、选择和转换，数学模型的建立，数学方法合理性的分析，以及数学解答的检验等，这些都是符合数学化原则的。将现实问题数学化，形成数学问题，从而借助数学知识分析出问题的现实本质，是数学教学必须坚持的基本原则之一。

数学化是从数学整体出发学习数学的。实际上，数学本身便是用数学化方法组成的一个内部联系密切的领域。没有纵向的数学化，数学知识就像一盘散沙，适用性不强。

数学化能力是由数学抽象的、形式化的语言特征决定的一种特殊能力。用数学解决实际问题，首先就是要将实际问题转化为用数学语言描述的数学模式。

（二）适度形式化原则

形式化是数学的特征。自从 20 世纪初，德国著名数学家大卫·希尔伯特提出形式主义数学哲学观以来，数学的形式化特征更加浓烈。形式化有助于数学理论体系的简单化和系统化。由于形式化能够简洁明了地表示纯粹的数量关系，因而可以帮助人们不断澄清思想、理出线索、寻找事物间的本质联系。形式化的另一重要作用，是有助于数学的发现和创造。已有的数学形式结构，可以为探索和确定未知的数学形式结构提供类比的基础或借鉴的模型。数学的形式化包括符号化、逻辑化和公理化三个层面。

数学符号化是数学形式化的基础，如果说语文是方块字符号按汉语语法组成的篇章，那么数学就是用数字、字母和运算符号，依照逻辑连接起来描述数量关系和空间形式的知识体系。可以说，数学的世界是一个符号化的世界。

数学教学的重要目标是会使用符号。从小学开始，加减乘除运算符号、等号的使用，交换率、分配率的表达，应用题列等式，都是符号教学的重要内容。进入初中阶段，数与式的运算、列方程、建立函数关系、几何证明的书写等，符号表示起关键作用。高中阶段，则需要使用集合语言，对数、指数、正弦、余弦等符号，以及微分、积分、向量、矩阵等运算符号。这些符号的学习，与方块汉字的识字教学有许多共同之处。

但是，生动活泼的数学内涵不能淹没在形式主义的海洋里。20世纪中叶以后，人们渐渐觉得，形式化固然是数学的基本特征，但不能走极端，使得数学变得枯燥无味、远离大众、脱离现实。过分强调数学的抽象语言而忽视其思想内容，就会把光彩照人的"数学女王"拍成一副"骨架"。于是，就产生了数学教学中"非形式化"的研究。

（三）问题驱动原则

"问题驱动"是由数学的特征所确定的。在各门科学中，数学主要以"问题"的方式呈现。所以我们常说，问题是数学的心脏。解决数学问题是数学发展的原始驱动力。中国古代数学经典《九章算术》就是一本问题集。1900年希尔伯特的23个问题，曾预言了数学的发展方向，成为20世纪数学家奋斗的目标。费马猜想、庞加莱猜想的解决，更被当作人类智慧的象征。

作为对照，语文教学则更多以阅读为基础，用情意驱动，体会表达思想感情的方式方法，借以抒发自己的内心感受，并达到与别人进行交流的目的。历史教学则是以历史事实的叙述和评论为线索展开，最终引导学生形成正确的历史观。至于物理、化学、生物等学科，虽然也要揭示大自然的奥秘，解答许许多多的问题，但是它们多半从自然现象和实验结果出发，不能以"问题驱动"为原则进行教学。

正因为数学是由问题驱动的，所以数学教学也必须用问题驱动。在数学教学实践中，问题驱动是十分有效的教学方式。西方在数学教育改革中提出"解决问题"的口号，并非偶然。从学习的角度看，"数学是做出来的"，数学学习是"解决问题"，课后练习是演练"问题"，数学考试是回答"问题"，研究性学习也是研究"问题"。可以说，问题是贯穿数学教学活动的一条主线，是学生学习数学的驱动力之一。

（四）渗透数学思想方法原则

数学思想方法的教学是中国数学教学的特色之一。人们所学到的数学概念、数学定理、数学公式，一段时间之后，往往会被遗忘。但是数学思想方法，却会融入人们的思维方式，留在脑海之中。古人云："授人以鱼，不如授之以渔。"这句至理名言也道出了数学思想方法教学的重要性。

高中数学内容丰富多样，彼此之间存在着内在联系，呈现出很强的层次性和系统性。那么怎样把一些看起来互不相关的数学内容整合在一起呢？一个重要的途径就是提炼数学思想方法。如果把数学问题比作一颗颗珍珠，就可以用数学思想方法将它们串起来，变成一件美轮美奂的艺术品，即形成完善、科学的知识系统。数学思想是一种隐性的数学知识，需要通过反复的体验和实践，才能使个体将其逐渐认识、理解、内化为个体认知结构。

数学教学要想具有创新意义，必须探究和解决非常规数学问题，并在大量的数学实践活动中从整体上把握数学内部的关系，理解和运用数学思想方法。总之，在数学教学中应注意数学内容间的关系，努力渗透并提炼数学思想方法。

以上提出的四项数学教学原则是彼此联系、环环相扣、层次递进、浑然一体的。我们的总目标是数学化。但是数学化的过程是用形式化的数学进行表述和发展的。人们掌握符号化、逻辑化的数学基本知识和基本技能，通过数学问题的变式，以问题解决的过程展开教学，可使人们在这一系列的数学活动中获得智力的提升，数学教学的图景也会变得清晰而美丽。

第二章　深度学习概述

第一节　深度学习的概念

一、深度学习的定义

深度学习概念最早是在人工智能领域提出的，是指基于样本数据通过一定的训练方法得到包含多个层级的深度网络结构的机器学习过程，其主要目的是建立模型模拟人类大脑神经连接结构，在处理图像、声音和文本等信号的时候，通过多个变换阶段分层对数据特征进行描述，进而给出数据解释，也就是通过组合低层特征形成更加高层的特征表示数据。深度学习在语音识别、计算机视觉等多类应用中取得突破性进展。随着人工智能领域的发展，教育界的学者开始关注到深度学习，并结合机器模拟人脑学习的结合研究提出了教育领域的深度学习。教育领域的深度学习概念自提出之后，是一个不断变化的概念，不同学者对深度学习概念有着不同的理解，他们从不同角度对其进行定义和研究。在已有的研究中主要是从深度学习的方式、深度学习的学习过程和深度学习的学习方式这三个角度来定义深度学习的概念的，这三种概念界定角度代表了国内学者研究深度学习的不同阶段。

在早期的研究中，学者大都从深度学习的发生方式来定义其概念。如景洪娜、陈琳等人认为，深度学习是强调学生以理解的方式学习并能在学习过程中发表自己的见解。他们主要持"非深即浅"的观点，并在研究中把深度学习和浅层学习的特征在各个环节进行了详细的对比，利用浅层学习的"劣"说明深层学习的"优"。① 这种看法把深层学习和浅层学习割裂开来了，过分推崇深度学习，而忽略了两者的关系，实际深度学习的发生并不是一蹴而就的，而是从浅层学习的基础上发展而来的。

随着学术界对深度学习的关注越来越多，对深度学习的概念新想法开始出现，学者开始关注深度学习发生的过程，而不仅限于对深度学习的方式的探究。蔡少明、赵建华从学习科学角度出发探讨学习方式，他们认为，在有意义的实际情境中，探究情境中的问题，通过教师和同伴等的协助和交流而建构新的知识的过程便是深度学习，他们还倡导教师要尽可能设计这样的学习情境，以促进深度学习发生。② 郭华、刘月霞等认为，深度学习就是指在教师引领下，学生围绕着具有挑战性的学习主题，全身心积极参与、体验成功、获得发展的有意义的学习过程，在这个过程中，学生掌握学科的核心知识，理解学习的过程，把握学科的本质及思想方法，形成积极的内在学习动机、高级的社会性情感、主动的态度、正确的价值观，成为既具独立性、批判性、创造性，又有合作精神、基础扎实的优秀的学生，成为未来社会历史实践的主人。③ 这一阶段的研究主要讨论深度学习的发生过程，以及深度学习是怎么样发生的，普遍集中在通过建构知识和解决问题来实现深度学习。这一研究方向的学者还提出了一些促进深度学习发生的方法，这也说明学界对深度学习的研究不只停留在理论，已开始关注深度学习的实践效果。

关注学习结果的学者从深度学习的目标角度界定深度学习。例如，段金菊、余胜泉提出深度学习可以培养学生的高阶思维能力，这是典型的强调结构果的

① 景红娜、陈琳、赵雪萍：《基于 Moodle 的深层学习研究》，《远程教育杂志》2011年第 6 期。

② 蔡少明、赵建华：《面向知识经济时代学习科学的关键问题研究及对教育改革的影响》，《远程教育杂志》2011 年第 2 期。

③ 郭华、刘月霞：《深度学习：走向核心素养》，教育科学出版社，2018，第 32 页。

概念，但他们也对学习过程提出要求，强调反思和元认知，并且注重学生身心的高度投入。[1]吴秀娟、张浩认为，深度学习要求学生能够批判性思考，发展高阶思维，具备建构知识、知识迁移及解决问题等能力，掌握非结构化知识，而非机械性地学习知识，以此来实现高阶能力的发展。[2]

　　笔者基于深度学习概念的不同定义，综合学术界的概念后认为，深度学习是学生在理解知识本质的基础上，通过对学习内容的批判性思考而形成知识体系，能将新知识迁移应用到不同情境中来解决问题，以发展高阶思维为主的高投入性学习。简单来说，也就是学生不是单纯通过背诵的方式学习新内容，而是通过理解的方式学习新内容，学生将所学的内容融入自己的思考，结合原有的知识对新知识进行推理，从而得出结论形成自己的体系，并能将其有效地运用到不同的实际情境中来解决复杂的问题。

二、深度学习与浅层学习

　　浅层学习指的是一种消极被动的、死记硬背的学习方式。浅层学习是把知识看作相互独立的信息片段，通过重复来记忆知识的学习方法，学生只是被动地去接受知识。浅层学习不注重对学习内容的理解以及对信息来源的追溯，并且学生在学习的过程中没有或者少有对内容的思考，导致学生遇到问题情境改变的情况时便无所适从，即不能实现知识迁移并解决现实问题。研究者普遍认为，深度学习与浅层学习在学习动机、记忆方式、学习方式、知识体系、迁移能力、自我反思、思维层次和学习结果等方面皆有明显差异，但不同的学生对于每个维度的深度学习与浅层学习的差别略有不同，但总的来说，深度学习与浅层学习的对比如表2-1所示。

表2-1　深度学习与浅层学习的对比

项目	浅层学习	深度学习
学习动机	外部的要求	内部的动机
记忆方式	机械记忆	理解记忆

①段金菊、余胜泉:《学习科学视域下的e-Learning深度学习研究》,《远程教育杂志》2013年第4期。

②吴秀娟、张浩:《基于反思的深度学习:内涵与过程》,《电化教育研究》2014年第12期。

项目	浅层学习	深度学习
学习方式	偏向符号记忆的被动学习	注重理解知识本质的主动学习
知识体系	零散、独立的知识碎片，停留在概念、定理和公式等结构化知识的学习上，未形成知识网络	在新旧知识之间形成联系，建立知识网络，掌握深层的非结构化知识
迁移能力	不能有效迁移	灵活运用知识并能有效迁移
自我反思	缺少自我反思	主动自我反思，逐步加深理解
思维层次	低阶思维	高阶思维
学习结果	知识的记忆和简单运用	认知、人际、个人能力得到发展

浅层学习虽有诸多不好的地方，但其也有可取之处，在众多学习理论的支撑下，有学者发现浅层学习的是深度学习发生的前提，深度学习在一定程度上是的对浅层学习成果的升华。学习是由浅到深的，学生在浅层学习阶段积累了一定的基础知识，而学生的基础知识越丰富，便越容易建立知识之间的联系，理解知识的本质，发展高阶思维，达到深度学习。浅层学习是深度学习的前序阶段，若学习在记忆之后便停止了，便只达成浅层学习，而在记忆的阶段更深一步地理解知识，建构个人知识体系，批判性地学习，就有可能达到深度学习。

三、深度学习的特征

深度学习的概念在学术界尚无确切结论，对于深度学习的特征也众说纷纭，笔者结合前人的研究及自身的理解，总结深度学习特征如下。

（一）强调学习的主动性

学生在传统课堂中学习知识，是学校和教师按照依据课程标准所提的要求而制定的学习内容，学生往往依据教师和课本的要求而学习，缺少学习的主动性和思考的积极性。心理学研究认为，学生通过听可以记忆 10% 的内容，通过读和写可以记忆 50% 的内容，通过说和做能够记忆 90% 的内容。学生如若只是机械地听，而不通过其他的行为积极主动参与课堂，将知识内化成自己的，并建构个人知识体系，那么学习的效率是很低的。学生的主动性会对自身的学习效率和学习程度产生影响，学生主动学习的欲望是促使其达成深度学习的动力。若只将学习停留在浅层，机械地背诵知识、木讷地完成外界给予的任务，自身不加思考，必定无法获得理想的学习效果。深度学习除了要求学生识记知识外，还需要学生能对知识的本质加以理解，能够提出自己的见解，并得出解决问题的方案，这一系列的活动都需要在学生主动学习的情况下才能达成。

（二）整合信息建构知识体系

网络时代，信息量剧增，仅仅学习学校的知识，不足以使学生跟上时代发展的步伐。为适应社会的发展，人们需要从巨量的信息中整合有用的信息，并将其与已有的知识联系形成知识体系为自己所用，所以培养学生整合信息构建知识体系的能力对促进其自身的发展十分关键。学习的过程就是知识不断积累的过程，浅层学习的过程中积累的是零散的知识碎片，学生只能单纯地对已学的知识进行回忆，而不能灵活地运用其解决问题。教师要培养学生从浅层学习达到深度学习，整合信息，整体形成知识体系，帮助学生认识到学习新的内容是对旧知识的反思与回顾。同时，引导学生将新知识加入原来的体系，使这个体系逐渐庞大起来，并能使学生在遇到不同的情境时调动相关知识或技能来解决问题。整合信息包含两个方向，新旧知识的整合和不同领域的信息整合。新旧知识的整合是对于同一领域来说的，但知识并不是独立的，不同领域间的知识也存在联系，往往一个问题的解决需要依靠多个领域的知识。整合新信息建构知识体系是深度学习的关键环节，也是深度学习区别于浅层学习的重要特征之一。

（三）批判性理解发展高阶思维

心理学认为，个体对知识的批判性理解对发展高阶思维起着至关重要的作用。理解是指学生将知识内化后通过同化和顺应建构属于自己的知识体系，而浅层学习的记忆过程不能称之为理解。传统教育中，往往会让学生形成对权威屈服的态度，认为教师、课本和资料等总是正确的，只会一味地接纳外界要求他们掌握的内容，也不思考这个内容的正确性。长此以往，学生只会被动地接受，失去自己的判断力，并且思维始终停留在低水平层次。深度学习要求学生对所学内容、概念保持质疑和批判的态度，能结合已有的知识有所取舍地形成自己对知识的理解和应用，并能应用所学的知识解决真实情境中的问题，从而促进学生高阶思维的形成，使其心智活动和认知能力达到高思维层次。

（四）注重学习迁移和问题解决

在这个信息化时代，客观存在需要学生去学习的知识无穷无尽，而高中数学教师没有办法将所有的内容都传授给学生，更重要的是培养学生在现有的知识经验储备的情况下，掌握学习新知识的方法，也就是学习迁移能力。学习迁移是学习时新旧知识之间相互作用的过程，学生在这个过程中掌握新技能，或者是利用已有的知识解决新情境的问题。学习迁移主要分为广义和狭义两种，从广义上讲，学习迁移是将已有的知识经验类比到相似的情境中或相似的内容学习过程中，利用原有的经验获得新的知识和技能的过程。如前所述，深度学习强调学生应把握学习内容的本质，对新知识进行批判性思考并得出自己的见解，学生应能在相似或者不同的问题情境中分析问题并找到问题的根源，然后把知识结构中已有的原则、技能或方法迁移到该情境中解决问题。

（五）强调自我反思与评价

反思是一种高阶思维能力，它是个体对自身的思维过程、认知过程、学习结果等进行批判性分析与审视，来发现自身的活动过程中存在的问题，并结合问题探究解决方案，从而在下次活动中避免同类型的问题出现的能力。学习后的反思需要对学习过程进行回顾，在回顾的过程对学习的内容进行梳理与深入理解，对最终学习的结果进行评价，总结成功的经验并对失败的过程进行详细分析，为下次的学习提供成功的经验，避免失败的再次发生。如此往复，学生通过对自身学习活动的监察、探究和调控，发现学习过程中的问题，并进一步加深对知识的理解，最终学会深度学习。教师在学生反思的过程中，可以发现其在自身学习过程中的不足与优点，肯定优点能够助长学生继续学习的信心，发现不足能帮助学生在学习过程中不断修正自己的学习方法和认知结构等。

第二节　深度学习的理论基础

一、情境认知理论

情境认知理论认为，知识是个体根据自身经验建构意义的结果。学习是个体在与情境互动中创造意义的过程。学习应该在特定和有意义的情境中进行，并且会受到特定任务或问题情境的深刻影响。

情境通过活动创造知识。也就是说，知识是情境化的，学生通过参与实践来进行知识的理解和掌握，在知与行的相互交错中进行知识的构建。情境认知论强调，学习的设计要通过教学内容与实践活动相结合的方式，让学生在真实的情境中体验学习，将知识的获得与自身的发展有机结合到一起。学习的目的不是单纯地掌握理论知识，而是要将理论知识熟练应用到现实情境中。

这一观点反映了一种多维的综合学习视角。美国教育心理学家德布洛克曾将学习概括为以下四个维度的整合：① 从事实到概念，从关系到结构；② 从事实到方法，再到学科方法论，再到学科本质观；③ 从认识到理解，再到应用，再到综合；④ 从有限迁移到中等迁移，再到全面迁移。第一个维度强调从事实出发创设情境，理解概念和原则，并在此基础上形成结构化知识；第二个维度强调学科的方法和过程，形成方法，拓展思路，发展基于事实的思维；第三个维度强调知识的探索、分析、应用和整合，从理论上升到应用，再从具体应用中总结提炼；第四个维度强调将知识应用于具体事物，从生活经验过渡到学习应用科学知识，并在应用中形成反思和质疑的思维模式。

深度学习所强调的知识深度加工是指在特定的学习情境中，通过实践教学激发学生的学习兴趣，实现知识最大限度的应用。这可以从学生和教师两个层面分析。在学生方面，学生在实践中发现问题、提出问题，再结合所学到的知识解决问题，学以致用。在教师方面，教师在教学设计上要从实际情境中提取案例，通过视频播放、实地教学等方式，使学生身临其境，激发学生的学习兴趣，促进学生对知识的理解与掌握。

情境认知理论强调知识与活动不可分割，知识是自身经验建构的意义结果，学习是个体在情境中创设的意义过程，它所体现的四个维度的整合与深度学习的特征相吻合。情境认知理论是深度学习得以促进和发展的重要理论依据。同样，深度学习在情境教学方式设计、情境搭建等方面，都可以从情境认知理论中找到理论支撑。

二、元认知理论

元认知是对认知的认知，是指学生对认知活动的自我意识和自我调节，包括以下三个部分（具体内容如表 2-2 所示）。例如，在学习中，学生不仅要感知和记忆知识，还要及时调整自己的认知方式，使自己的学习活动处于积极的状态。

如果学生的元认知能力处于较高水平，他们可以有效地监控和调整自己的学习过程。如果当前的学习风格影响学习效果，他们可以及时调整自己的学习风格和学习状态，从而提高学习效率。

表 2-2　元认知的内容

概念	解释
元认知认识	指主体对认知活动过程、结果及相关信息的认识
元认知体验	指主体在认知活动中产生的情感体验
元认知监控	指主体对认知活动的监控与调节

三、建构主义理论

建构主义倡导通过学生通过对新知识和已有知识的互动，实现对新知识的理解，而学生需要依据自身已有的知识和经验去主动建构。建构主义理论的以下这些理念是深度学习模式的理论基础。

（一）建构主义的知识观

建构主义知识观的主要观点可以归结为以下三个方面。

第一，不能仅仅把知识看作是对现实世界的描述，其与客观世界更准确的关系是解释和假设。

第二，知识并未天生便可对世界上所有的规则进行定义。在日常的实践中，知识并非随手可得的工具，必须在利用时结合具体的问题进行再创造。

第三，知识很难以实体的形式存在，知识必须与特定的个人相结合。虽然在知识的定义中以语言的形式对它加以描述，但它必须以具体事实为背景，与具体情况密切相关。

（二）建构主义的学习观

在建构主义理论基础上，学习过程并不是简单地将知识从教师传递给学生的过程。真正的学习必须在特定的情况下进行——学生在教师的指导和帮助下，通过必要的信息资源主动建构知识，这是一个有机的过程。在这个过程中有两个要素：一个是同化，另一个是适应。

具体来说，同化是指学生在建构所学知识的过程中，必须将已有的知识与所学的新知识有机地联系起来，建构新的意义，并将新知识带入已有的知识结构中；适应是指由于学生建构了新的知识，原有的知识必须在其固有的认知系统中重新组织和分类。例如，一旦学生的新知识与固有知识发生冲突，固有结构将随着新知识的到来而重新组织、分类和构建。

（三）建构主义的技术应用观

在技术应用方面，建构主义观点认为，学生真正获得的知识并非直接来自教师或技术指导，影响他们学习行为的核心在于学生自身的思维。

建构主义认为，学生是通过思维过程获得知识的，思维的地位非常重要。为了培养学生的思维能力，教师应该为他们提供充分的发展和成长机会，并创造相关的活动条件，提供相应的技术支持。学生参与不同教学活动时应该有与之相对应的不同思维形式。这些形式非常广泛，包括背诵、设计、解决问题等。

可以看出，在建构主义理论中，学习是知识意义的建构、知识的成长、新旧经验的互动和理解的探索。因此，它符合深度学习的原则和目标，也是深度学习的理论基础。

四、认知灵活性理论

认知灵活性理论突出探讨了学生应该怎样获取复杂知识，以及如何对这些习得的知识进行有效迁移，该理论同样是深度学习的有机组成部分。

认知灵活性理论不完全同意建构主义过于重视非结构化的部分，主张概念性学习和非概念性学习并重。认知灵活性理论的核心观点包括两个方面：第一，教师应该在学生学习的过程中为其提供必要的建构基础材料与信息；第二，教师也应为学生提供足够的知识建构空间，使学生可以针对具体情境采取适当的策略。

由此可知，这种理论是针对知识的复杂性而生成的理论。有一种观点是：可以将学生面对的知识分为两个大类，一是良构知识，二是非良构知识。前者指的是在某一主题之下的成型的概念、定理等，具有标准化的层次；后者是在解决具体问题时必需的知识，即应用性的知识。与此相对应，可以将学生的学习行为也分为两个类别，一类是初级学习，另一类是高级学习。前者与良构领域知识对应，后者则与非良构领域知识对应。

可见，在认知灵活性理论中倡导在理解学习的基础上学习，鼓励学生能够批判性地学习新的思想和事实，并把它们融入原有的认知结构中。这种观点与深度学习的目标不谋而合，能够为深度学习的模式构建提供很好的借鉴。

第三节　深度学习的发生过程模型

学习能力是个人生活在社会中所必备的能力。人类在很早之前就已经认识到学习的重要性并展开了一系列研究，研究的内容除了关注"学习是什么"，更关注"学习是如何发生的",旨在从科学的角度揭示人类学习发生的过程和产生机制。当前高速发展的时代,对人类的学习能力的要求更高。深度学习是一种能够帮助人们适应这个变化中的社会的有效方式,因此深度学习的发生过程也成了学者关注的重要内容。把握深度学习是如何发生和如何实现的,有助于教育者有意识地开展相应的学习活动,促进深度学习的发生。在这个领域也有许多研究成果,研究者选取的角度以及关注的重点不同,使得这些模型的侧重有所不同,以下是几种较有代表性的深度学习发生的模型。

一、比格斯的"预测—过程—结果"模型

1978 年,澳大利亚学者比格斯提出了深度学习的系统化学习过程模型,该模型将深度学习的过程分为三个环节,并根据这三个环节的名称将该模型命名为"预测—过程—结果"模型(具体如图 2-1 所示)。从结构上来看,该模型似乎将深度学习的过程分成了预测、过程和结果三个独立的模块,但实际上各个模块的内容是互相影响的。预测因素影响学生对学习内容的感受,从而影响学生对学习方法以及认知方式的选择,进而影响学生最终的学习结果。同样的,学生在上一轮深度学习过程中的学习结果,便是下一轮学习过程中影响学习的感知和学习方法等的预测因素。也就是预测因素直接影响学习过程,学习过程决定学习的结果。

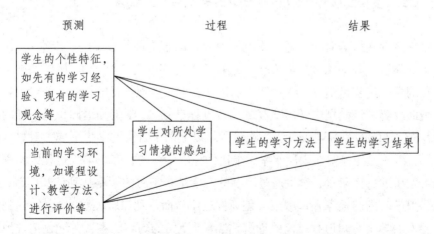

图 2-1 深度学习的"预测—过程—结果"模型

二、埃里克·詹森和莱恩·尼克尔森的深度学习路线

美国研究者埃里克·詹森和莱恩·尼克尔森从教师的角度提出了"深度学习路线图"（如图 2-2 所示）。该模式从教师教学的角度出发，以实现学生深度学习为目标，其中设计标准与课程、预评估和营造积极的学习文化等均是促进深度学习发生的有力策略。学生深度学习的过程从预备与激活先前知识开始，深度加工知识则是深度学习的关键阶段，教师要引导学生对所获得的新知识通过分析、质疑、整合、运用等进行深度加工。除了在课堂上帮助和引导学生进行深度学习外，在学习活动结束后，教师还要指导学生对自身学习情况进行评价。评价能够帮助学生发现并解决学习中的问题，使学习更高效，并为新一轮的学习提供指导。

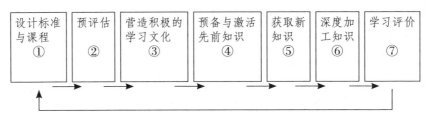

图 2-2　埃里克·詹森和莱恩·尼克尔森的深度学习路线图

三、交互式学习环境中的深度学习框架

学者杜建霞等对交互这一影响学习结果的重要环节做了进一步研究，探究了交互学习过程中深度学习发生的过程模型（如图 2-3 所示）。该模型中学习交互的第一过程是信息，随着知识的进入，学生出现信息的记忆，并对信息产生表面理解。该模型中学习交互的第二过程是方法，学生知道知识是怎样的之后，通过技能的练习进入方法实践阶段。以上两个阶段的学生形成了对材料的认知，但学习还停留在表层水平，未达到深层学习的状态。第三过程则是深度学习发生的关键阶段，学生通过质疑的态度结合学习的策略达到认知创造，也就是对学习内容地深入理解以及创新性运用从而达到深层理解的层次。达到这个层次的学生对知识有自己的理解，能阐释所学的内容的本质并能创造性地运

用。从表层理解过渡到深层理解是学习的关键期，需要外界提供策略及学生自身产生怀疑来支持深层理解的发生，如果缺少深层学习，学生将只是获得固化的知识碎片，知道知识的内容是什么，但对知识的理解停留在表面水平，缺乏创新和解决问题的能力。

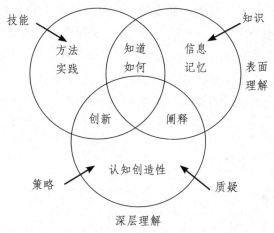

图 2-3　交互式学习环境中的深度学习框架

四、基于反思的深度学习过程模型

深度学习的重要特征是反思性学习，学者吴秀娟等从这个特征入手得出了深度学习模型。他们从理论的角度阐述了反思对深度学习的促进作用，从知识分类学习论的角度阐释了广义知识学习的一般过程模型，并建立了基于反思的深度学习过程模型。其中导入阶段是学习的开始阶段，该阶段通过"注意与预期"环节和"激活原有知识环节"，激活学生与学习内容有关的已有知识，为学生后续的学习做好认知结构上的准备，是学生获取知识并对新信息进行加工的基础阶段。随后是主体阶段，也是学生深度加工知识的阶段，学生通过"选择性知觉"环节先在已有的知识结构上选择适合自己的方式加工新知识，然后从"整合知识信息"环节便开始对知识进行深度加工，加深自己对新知识的理解。实现深度学习的关键环节是"批判性分析"环节，该环节通过同化或顺应来实现知识的建构，在实际教学中此环节时可通过相应的变式练习来帮助学生进行知识的转化，实现较低程度的深度学习。"评价"环节贯穿整个学习过程，通过对学习过程的回顾、调控来调整学习过程，并在此基础上通过"创造"环节提升学生的学习方法或认知结构来促进深度学习的发生。这七个环节循环往复、前后交错，贯穿在整个学习活动中。其后，有学者将反思性学习理念纳入该过程模型中，建立基于反思的深度学习过程模型（如图2-4所示）。该模型将深度学习的过程和反思性学习结合在一起，为深度学习的反思性学习提供了参考模型，在深度学习的不同阶段反思的方法与方向是有所不同的，如学习前是指导和制订计划，而学习活动后是总结与补救，为学生如何反思或者教师如何引导学生进行反思性学习提供了参考。

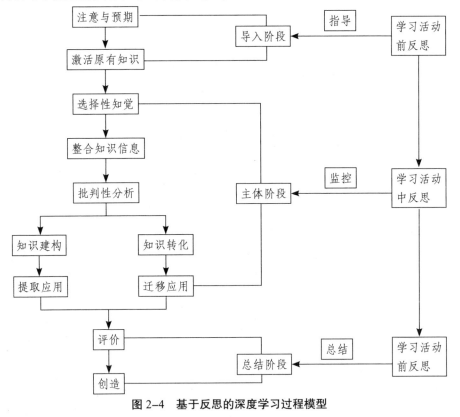

图 2-4　基于反思的深度学习过程模型

　　基于对深度学习的概念、内涵探析，和对已有的深度学习过程模型的梳理，笔者认为深度学习可分为学习活动前的准备阶段、在学习过程中的深度加工知识阶段和学习活动后的评价反思阶段。

第三章　高中数学课程理论基础

第一节　基于课程论的高中数学

一、确定数学课程目标的依据

　　教育是为社会培养人才的，社会对人才的总要求集中反映在教育方针和其他相关政策里。教育方针决定着教育的性质、目标及实现其目标的根本原则。我国目前正处于社会主义建设阶段，为此我国的教育应为社会主义现代化服务，应同生产劳动相结合，培养德、智、体全面发展的建设者和接班人。这个方针确定了我国教育系统应该把青少年培养成什么样的人才这个总目标，各级各类学校应以这个总目标为依据，结合学校自身的特点来确定各自的具体培养目标。我国基础教育包括九年制义务教育和后续的高中教育。义务教育是一种全民基本素质教育，应突出体现基础性、普及性和发展性。高中教育暂不具备义务教育那样的普及性，至于基础性和发展性，高中教育则体现出更高层次的要求。

（一）数学的特点和作用

为实现基础教育课程的培养目标，各分科课程必须依据自身的特点和作用确定各自的具体目标。数学的特点应从两个角度来认识。数学既可以看作是人类进行数学活动的结果，又可以看作人类数学活动本身。作为数学活动的结果，指的是已经成熟的数学理论。它的基本特点是：严谨的逻辑结构，形式化的抽象内容，精确、简洁、通用的数学语言。由这些基本特点还派生出数学的其他一些特性。比如，由数学的严谨性派生出数学独特的逻辑系统性；由数学内容的形式化抽象派生出数学应用的广泛性。数学活动实质上就是指数学思维活动。因此，数学活动的特点就是数学思维活动的特点，其中较具代表性的是创造性数学思维活动的特点。

数学思维活动的第一个显著特点，就是思维对象的抽象性以及思维过程中抽象方法的特殊性。数学思维的对象不是客观实在事物的本身，而是形式化了的思想材料。比如"点""自然数""方程""函数"等，就是数学思维的思想材料，客观世界中并没有这样的实物。数学活动过程中抽象方法的特殊性是逐级抽象（层次性）和逻辑建构。比如，数、式、函数、关系等思维对象就是经逐级抽象的过程，依次由前一个对象得到后一个对象的。逻辑建构指借助于明确的定义构造出相应的量化模式，而量化模式完全舍弃了实际背景的具体意义，只剩下纯粹的形式结构。

数学思维活动的第二个特点是严谨与非严谨的结合。一切数学结论都是经过严谨的逻辑建构或逻辑论证的，逻辑建构和逻辑论证的过程属于数学思维活动。但是，数学思维活动远不只单一的逻辑建构或逻辑论证过程，它还包括数学结论的发现过程以及寻求逻辑建构或逻辑论证途径的过程。在这些过程中需用到直觉、顿悟、似真推理、审美感、形象思维、发散探索等非严谨的数学思维活动。任何一个善于创造成果的数学家，其数学思维活动必然是严谨与非严谨的结合，由非严谨思维活动产生新的想法、设计新的策略，从宏观上把握新的数学理论，然后才是严谨的逻辑建构或逻辑论证。

数学思维活动的第三个特点是自然语言与数学符号语言相结合。在进行严谨的逻辑建构或逻辑论证时,使用数学符号语言;在进行非严谨的创造思维时,自然语言和数学符号语言结合使用。如果按数学活动的三个阶段的划分来分析语言使用的情况，可以这样认为：在经验材料的数学组织化阶段，其任务是将自然语言转化为数学符号语言；在数学材料逻辑化阶段，其任务是数学符号语言的逻辑建构；在数学理论应用阶段，其任务则是把数学符号语言又翻译成自然语言。

总之，在数学思维活动中，这两种语言相互交替，结合使用，其中的核心是数学符号语言。数学的上述特点是我们研究数学教育的一个重要基础，在考虑数学课程目标时，必须以它为依据，培养和发展学生的基本素质。除了数学的特点外，数学的作用也是确定数学课程目标的重要依据。

数学是研究空间形式和数量关系的科学，是刻画自然规律和社会规律的科学语言和有效工具。数学科学是自然科学、技术科学等科学的基础，并在经济科学、社会科学、人文科学的发展中发挥越来越大的作用。数学的应用越来越广泛，正在不断地渗透到社会生活的方方面面之中，它与计算机技术地结合在许多方面直接为社会创造价值，推动着社会生产力的发展。数学在形成人类理性思维和促进个人智力发展的过程中发挥着独特的、不可替代的作用。数学是人类文化的重要组成部分，数学素质是公民应具备的一种基本素质。

数学教育作为教育的组成部分，在发展和完善学生的教育活动中，在形成学生认识逻辑的态度和思想方法方面，在推动社会进步和发展的进程中，起着重要的作用。在现代社会中，数学教育又是终身教育的重要方面，它是公民进一步深造的基础，是终身发展的需要。数学教育在学校教育中占有特殊的地位，它使学生掌握数学的基础知识、基本技能、基本思想，使学生表达清晰、思考有条理，使学生具有实事求是的态度、锲而不舍的精神，使学生学会用数学的思考方式解决问题、认识世界。

（二）学生的认知和心理特征

基础教育的对象多是青少年，他们正处在长身体的发育期，也是智、情、意发展的重要时期。就一般的心理特征而言，他们都具有可塑性大、上进心强、求知欲旺盛、精力充沛、脑神经反应快且灵活等特点，但他们的思想情感容易波动，缺乏克服困难的信心与毅力，缺乏实践经验，而且年龄愈小，这些问题愈突出。从认知特点来看，这些问题集中表现在思维发展的阶段性特点方面。

根据瑞士心理学家让·皮亚杰的研究，青少年思维发展经历了感知运动、前运算、具体运算和形式运算四个阶段。小学阶段儿童的思维，一般属于具体运算思维，但已初步掌握了逻辑思维，能对具体事物的群集运算结构进行综合分析，掌握逻辑概念的内涵和外延。中学阶段的青少年思维，则属于形式运算思维，即命题运算思维。这种思维形式，可以在头脑中把形式和内容分开，可以离开具体事物，根据假设来进行逻辑推演。我国心理学者的研究也表明，小学儿童思维的基本特点是：从以具体形象思维为主要形式过渡到以抽象逻辑思维为主要形式，但整个小学期内思维仍带有明显的具体性。中学的青少年思维的基本特点是：整个中学阶段，思维能力得到迅速的发展，他们的抽象逻辑思维处于优势的地位，但初中生属于经验型，高中生属于理论型。

学生的上述认知和心理特征必然影响和制约着数学课程目标。一方面，考虑到学生思维发展的阶段性，我们的数学课程目标也应是分阶段的，不同阶段的数学课程目标应与学生可能的发展水平相适应。另一方面，考虑到学生可塑性大，智力发展有潜力，在同一个教育阶段又可以提出某些有弹性的要求。

二、数学课程目标分析

（一）义务教育阶段数学课程目标

义务教育阶段的数学课程目标分为三个层次：总体目标、学段目标、各大块数学内容的具体目标。其中总体目标是通过义务教育阶段的数学学习，使学生能够获得适应未来社会生活和进一步发展所必需的重要数学知识（包括数学事实、数学活动经验）以及基本的数学思想方法和必要的应用技能；初步学会运用数学的思维方式观察、分析现实社会，解决日常生活中和其他学科学习中的问题，增强应用数学的意识；体会数学与自然及人类社会的密切联系，了解数学的价值，增进对数学的理解和学好数学的信心；具有初步的创新精神和实践能力，在情感态度和一般能力方面都能得到充分发展。

学段目标再把总体目标按三个学段分别进行分解，然后在每个学段按数与代数、空间与图形、统计与概率、实践与综合应用四大块细列出每一项的具体内容，并进一步形成具体目标。三个层次的目标构成一个完整的目标体系。关于义务教育阶段数学课程目标体系，这里有几点值得注意。

1. 关于目标体系的总体理解

目标体系是一个有机总体，它包含了知识与技能目标、数学思考目标、解决问题目标以及情感与态度目标四个方面，既体现了数学素质教育的全面要求，又体现了数学活动结果与数学活动过程统一的数学教学要求。知识与技能目标属于对数学活动结果的认知目标，数学思考、解决问题以及情感与态度三个方面的目标属于对数学活动过程的认知以及情意目标，也可把它们统称为过程性目标。知识技能目标与过程性目标合并起来，就是对整个数学活动的教学要求。

2. 关于具体目标的层次与水平的体现

目标体系中，就知识技能目标而言，不同的知识或技能，对学生的要求不尽相同，同一项知识或技能，在不同学段对学生的要求也是不同的，这种对学生要求的不同就体现出目标的层次性。为了刻画知识技能目标的层次性，可以使用"了解（认识）、理解、掌握、灵活运用"等目标动词，这四个动词刻画的目标层次依次由低到高，具体含义如下：了解（认识）——能从具体事例中，知道或能举例说明对象的有关特征（或意义），能根据对象的特征，从具体情境中辨认出这一对象；理解——能描述对象的特征和由来，能明确地阐述此对象与有关对象之间的区别和联系；掌握——能在理解的基础上，把对象运用到新的情境中；灵活运用——能综合运用知识，灵活、合理地选择与运用有关的方法完成特定的数学任务。

再就过程性目标来说，不同的数学活动过程对学生的要求不尽相同，同一（或类似）的数学活动过程，在不同学段对学生的要求也不相同，这种对学生的不同要求体现出数学活动水平的高低。为了刻画过程性目标中所体现出的数学活动水平，可以使用"经历（感受）、体验（体会）、探索"等目标动词，这几组动词体现出的过程性目标水平也是依次由低到高，具体含义如下：经历（感受）——在特定的数学活动中，获得一些初步的经验；体验（体会）——参与特定的数学活动，在具体情境中初步认识对象的特征，获得一些经验；探索——主动参与特定的数学活动，通过观察、实验推理等活动发现对象的某些特征或与其他对象的区别和联系。

（二）普通高中数学课程目标

与义务教育阶段数学课程接轨的普通高中数学课程，其课程目标是：使学生在九年义务教育数学课程的基础上，进一步提高作为未来公民所必要的数学素养，以满足个人发展与社会进步的需要。具体目标如下。

第一，获得必要的数学基础知识和基本技能，理解基本的数学概念、数学结论的本质，了解概念、结论等产生的背景、应用，体会其中所蕴含的数学思想和方法，以及它们在后续学习中的作用。通过不同形式的自主学习、探究活动，体验数学发现和创造的历程。

第二，提高空间想象、抽象概括、推理论证、运算求解、数据处理等基本能力。

第三，提高提出、分析和解决数学问题（包括简单的实际问题）的能力，数学表达和交流的能力，发展独立获取数学知识的能力。

第四，发展数学应用意识和创新意识，力求对现实世界中蕴涵的一些数学模式进行思考和作出判断。

第五，提高学习数学的兴趣，树立学好数学的信心，形成锲而不舍的钻研精神和科学态度。

第六，具有一定的数学视野，逐步认识数学的科学价值、应用价值和文化价值，形成批判性的思维习惯，崇尚数学的理性精神，体会数学的美学意义，从而进一步树立辩证唯物主义和历史唯物主义世界观。

关于普通高中数学课程目标，有几点值得注意：① 高中数学课程目标与义务教育阶段数学课程目标在陈述形式上有区别。前者分总目标、具体目标以及各项数学内容的具体要求；后者分总体目标、学段目标和各项知识内容的具体目标。而且三个学段的课程内容虽是整体统一设计，但要求是逐段提高的。② 两个课程标准对课程目标领域的划分有区别。义务教育阶段数学课程目标划分为知识与技能、数学思考、解决问题、情感与态度四个方面，并又将其归并为两大目标：知识技能目标和过程性目标；普通高中数学课程目标则划分为知识与技能，过程与方法，情感、态度与价值观三个方面。这种区别其实也不是实质性的，大同小异而已。③ 两个标准中使用的目标动词也不尽相同。义务教育阶段数学课程标准使用"了解（认识）、理解、掌握、灵活运用"四级刻画知识技能层次的目标动词，高中数学课程标准则将这一目标分成"知道 / 了解 / 模仿、理解 / 独立操作、掌握 / 应用 / 迁移"三级，并在每一级中列出刻画该水平的多个行为动词；义务教育阶段数学课程标准使用"经历（感受）、体验（体会）、探索"三级刻画数学活动水平的过程性目标动词，高中数学课程标准则将过程与方法分成"经历 / 模仿、发现 / 探索"两级，并在每一级中列出刻画该水平的多个行为动词，同时将情感、态度与价值观分成"反应 / 认同、领悟 / 内化"两级水平，并同样列出刻画多水平的多个行为动词。

总的来说，高中数学课程目标与义务教育阶段数学课程目标虽有某些提法不同，但体现出的实质内容是一致的，即都是全面反映数学素质教育的要求，充分体现数学教学是数学活动的教学这一现代数学教学观念。

三、影响高中数学课程内容的因素

（一）社会方面的因素

教育是一种社会现象，它作为社会大系统的一个子系统，必然要受到社会因素的影响。在影响课程发展的诸多因素中，社会因素的影响最大。

1. 社会生产的需要

在古代，数学是生活、生产的产物。最初数学只是一些简单的测量和计数法，是作为一种有助于解决各种实际问题的技术而传授给后代的。后来，由于思辨的需要，人们赋予数学以一定的逻辑内容，把数学作为训练学生思维的工具。由于社会生产基本上是以自给自足的小农经济为主，生产力的发展水平限制了人们对数学的需求，数学课程的内容一直很简单。第一次工业革命后，资本主义大工业代替了手工业生产，促使社会对劳动者的数学知识的要求相应提高，数学课程不仅成了主科，而且内容有了相应发展。当今社会，数学在生产领域的用途越来越广，这就要求数学课程的内容做相应的调整和改变，以便适应这种发展的需要。国内有关学术团体曾先后组织了几次社会调查，结果表明，中小学数学课程中的传统内容在现今社会仍占有重要地位，但其中有些内容可以适当删减、削弱；同时应增加一些近代和现代数学的知识，课程内容应有不同的层次，属于共同需要的部分可作为必修内容，只有某些领域需要的部分则可作为选修课或课外活动小组的内容。这些结论将是我国 21 世纪数学课程改革的重要依据。

2. 科学技术的发展

科学技术的发展也在影响着数学课程的内容。科学技术越是发展，应用数学的程度越高，人们就越要通过数学才能掌握其他的科学和技术，科学技术的发展直接或间接地影响着数学课程内容的改变。课程只能吸收最有价值的科学成果，而随着科学技术的不断突破与发展，价值的标准也随之改变了，这是对数学课程内容的直接影响；科学技术的进步促使现代教育技术与学科课程结合，也会引起课程内容的改变，这是对数学课程内容的间接影响。

3. 社会文化、哲学思想的影响

数学是人类文化的一部分，数学课程必然注意本国文化背景和国情。此外，从课程理论的产生背景分析，各种课程理论都是在一定的哲学思想指导之下提出的。

（二）数学本身的因素

随着数学科学的发展，新的数学理论将不断充实到高中数学课程中，影响数学课程内容。欧几里得几何的诞生，大大地冲击了欧几里得以前的数学课程，一直到 18 世纪，欧几里得几何仍在学校数学课程中占据主要地位。19 世纪末至 20 世纪初，数学有了很大发展，欧几里得几何在学校数学课程中的地位开始动摇，数学课程内容有了很大的变化。21 世纪，数学教学产生了惊人的变化。集合论成为各个学科的共同基础；数学抽象化的势头越来越大，分科越来越细，数学的内在联系揭露得越来越深；电子计算机进入了数学领域，大大推进了数学的发展；应用数学像雨后春笋一样蓬勃发展。数学中观察、实验、发现、猜想等实践活动和任何自然科学一样普通，尝试和错误、假说和调研、度量和分类成为数学家常用的部分技巧。数学的这些发展，直接或间接地影响高中数学课程。现代数学的一些初步思想、内容和方法渗透到高中数学中，成为高中数学课程的有机组成部分，这是直接影响。高等学校数学课程改革，现代数学的基础课程逐渐替代古典高等数学课程，这种趋势必然导致高中数学课程作相应的变革，这是间接影响。

（三）教育方面的因素

1. 教育理论的发展

新的教育理论是课程改革的动力之一，每一时期的课程内容及其体系安排是由相应的课程理论决定的。例如，20 世纪 60 年代，美国教育心理学家杰罗姆·布鲁纳提出"结构"的课程理论，西方国家的"新数学"就是按这种理论建构起来的。和布鲁纳同一时代的苏联著名教育家赞可夫提出了"发展"的课程理论。在当今，"以人为本""素质教育""创新教育""建构主义"等教育理论，均是我国新一轮数学课程改革的重要指导理论，新的数学课程标准和实验教材中都有对上述理论的反映。

2. 教师水平的提高

课程教材是教师教学的依据，教师是把课程内容转化为学生个体的知识经验的直接指导者，教师只有清晰地、深刻地理解课程标准和教材，才能真正贯彻实施课程的理念，加强教学的主动性。因此，教师的水平影响着高中数学课程内容的落实。教师从事数学教育，其知识水平必须达到一定的要求。目前，我国的高中数学课程中逐渐增加了一些现代数学的知识和一些计算机科学方面的知识，相当一部分教师由于长时期没有接触这些内容，对它们感到生疏，教学时心中没底。为了适应课改的需要，近几年来国内开展了大规模的在职教师培训工作，而且在今后还将继续这种在职培训，以便教师在接受"终身教育"的过程中不断提高自己的知识水平。

课程设置中，不仅课程内容的选择要与教师的知识水平相适应，而且课程内容的体系安排也要与教师的教学水平相适应。一般来说，教师的教学体系（经过处理后的知识体系）不同于课程教材中的知识体系，教师教学水平的高低决定了教材的知识体系转化成教学体系的难易。因此，在设计数学课程目标时，应尽可能考虑大多数教师的教学水平，以便教师对内容作教学法加工，有利于实际教学工作的开展。

3. 学生学习能力的发展

数学课程的服务对象是学生，学生主要是通过教材来获取知识的。因此，学生也是影响数学课程内容的重要因素。具体说来，涉及以下四个方面：① 学生已有的知识水平。影响学生学习效果的重要的因素是学生已经知道的东西。

在设计课程时，需要仔细地考虑学生所具有的与新的学习任务相结合的概念和技能。② 学生的思维水平（能力水平）。课程教材是学生学习的依据，因此在安排数学课程时，应考虑各年龄段的学生思维发展水平，既不要超出学生的思维发展水平，也不要迁就学生的接受能力。③ 学生的认识兴趣。兴趣是成功之母，提升学生的认识兴趣能大大促进学习效率。所以，要让学生学好数学，首先要激发学生的学习兴趣，而激发学生学习兴趣的有效办法之一，就是使学生对于学习材料本身感兴趣。因此，在课程内容的选择和呈现方式上，应考虑学生的兴趣爱好，加强趣味性，激发学生学习数学的主动性。④ 学生的认知特点。教学实践和实验表明，学生的认知结构有其固有的特点。如果课程内容和编写顺序符合学生的认知特点的话，无疑能促进其学习。

影响数学课程内容的因素除了以上三个大的方面以外，还有数学课程的历史因素。数学课程有其发展的历史，至今已经历过多次改革。但是，这些改革都是渐变过程，每次新的数学课程都是在原有数学课程的基础上做相应的变革而产生的。因此，现在的高中数学课程内容必须继承传统数学课程内容的精华，去其糟粕，更新观念，适当增添适应社会发展需要的新内容。

四、选择高中数学课程内容的原则

（一）基础性原则

基础性原则指的是，选择的高中数学课程内容应是数学科学的基础知识。什么叫数学基础知识？这是一个没有确切定义，需要人们辩证地分析和理解的概念。它通常指的是数学科学的初步知识，即在理论上、方法上、思想上的基本知识，而不是数学科学的逻辑基础。根据基础教育的培养目标，高中生必须掌握的数学基础知识应该包括以下几方面：① 作为现代社会每一个合格公民都应具备的基本素质，包括初步、基本的数学知识；② 为基础教育阶段学习相邻学科提供工具的数学知识；③ 为进入高等教育阶段的学生进一步学习打基础的数学知识。

从以上关于数学基础知识的描述可以看出，数学基础知识的概念是相对的、发展的。因此，高中生应该掌握哪些数学基础知识不是一成不变的，而是随着数学自身的发展，随着其他科学和技术的发展，以及社会对人才要求的变化而发展、变化的。例如，20 世纪 50 年代初期，中学教学还包括算术。到 20 世纪 60 年代，算术内容全部下放至小学数学课堂，中学则增加了平面解析几何。从 20 世纪 70 年代后期开始，过去作为高等学校数学基础课之一的微积分，其初步知识也被列为中学的基础知识。近百年内才发展起来的概率统计学，由于在现代生产实际中经常用到，其中的一些简单知识也放到中学学习。进入 21 世纪后，概率统计的一些初步观念，已经进入小学数学课堂。中学数学基础知识的内容和范围都有进一步变化发展。还应值得注意的是，数学基础知识包括数学中常用的基本的数学思想方法。因此，根据这一原则选择数学课程内容时，不仅要考虑选用数学中哪些概念、性质、法则、公式、公理、定理，还要关注这些内容反映出来的数学思想和方法。

（二）应用性原则

应用性原则指的是，高中数学课程内容应精选那些在现代社会生活和生产中有着广泛应用的数学知识。数学的源头本来就是人类社会，数学的发展历程，虽然不能说与人类生产生活处处相关，但总的来说，推动数学发展的最根本的动力依然是社会的需要。而且今日数学应用的广泛性，已使得它渗透到了现代社会的各个角落中，几乎无处不用数学，无人不用数学。基础教育阶段数学课程目标之一，就是要让学生逐步认识数学的应用价值，发展数学应用意识，并能运用数学知识分析和解决简单的实际问题。因此，在确定数学课程内容时，应从有利于落实这一课程目标角度考虑，选择适合于相应学段学习的数学建模、数学实验以及数学应用等方面的课题，同时还要提供抽象出数学概念、性质、法则、公式、公理、定理等数学基础知识的多样的、丰富的背景材料。

（三）可接受性原则

可接受性原则指的是，所选择的高中数学课程内容应与高中生的认识水平和接受能力相适应。根据这一原则，高中数学课程的内容必须难易适中，有一定的深度和广度，不论是必修还是选修的内容，既要确保学生能达到课程目标体系中预定的具体目标，又要适当留有余地，有利于学生追求更高目标，使得每一个学生尽可能地达到最大的发展。

（四）教育性原则

教育性原则指的是，选择的高中数学课程内容应该是有助于发展学生的数学思维和数学能力，促进学生辩证唯物主义世界观形成的有重要作用的数学知识；同时还要求体现数学的文化价值，即数学课程应适当反映数学的历史、应用和发展趋势，数学对推动社会发展的作用，数学的社会需求，社会发展对数学发展的推动作用，数学科学的思想体系，数学的美学价值，数学家的创新精神。数学课程应帮助学生了解数学在人类文明发展中的作用，逐步形成正确的数学观。

（五）衔接性原则

衔接性原则指的是，选择的高中数学课程内容应与本学科已学内容以及后继学习的内容衔接，与所选内容衔接，与有关的相邻学科衔接。数学是一门系统性很强的科学，高中只是学校教育的一个阶段，前有小学初中教育，后有大学教育。因此，高中教育必须将小学数学、中学数学、大学数学衔接为一个和谐的有机整体。高中数学内容又涉及数学的多个分支学科，无论是分科编排或是综合编排，都要注意各分支内容的相互联系与知识的综合运用。在高中教育阶段，物理、化学等自然科学的学科要以数学作为工具，因此数学内容还必须与物理、化学的内容互相配合协调一致。

（六）灵活性原则

灵活性原则指的是，选择高中数学课程内容时，既要考虑到国家规定的高中生必须达到的基本要求，又要有弹性，满足学生的不同数学学习要求。根据这一原则，高中阶段的数学课程可以由必修课程和选修系列课程组成。其中必修课程满足所有学生的共同数学需求，选修系列课程满足就业意向不同或升学方向各异的学生的不同数学需求。

（七）可行性原则

可行性原则指的是，选择的高中数学课程内容经过实践检验，应该被证实在高中教学计划规定的时间内，绝大多数学校能够按教学要求完成教学任务，达到课程目标。根据这一原则的要求，当课程内容需要做较大调整时，必须先试行一段时间，经验证确实可行时，才能正式确定。

第二节 基于心理学的高中数学

一、数学知识的学习

（一）数学知识有意义的学习过程

1. 数学认知结构

认知是认知心理学理论中的一个中心概念，它是为了一定的目的在一定的心理结构中进行的信息加工过程。其心理活动包括感知、记忆、思维、想象、判断、推理、解决问题、形成概念以及语言使用等。对数学教学而言，认知也可以说是掌握数学知识与技能的过程，其中包括知识的学习、知识的记忆与提取以及知识技能的运用，简言之，包括获取数学知识与运用数学知识的过程。认知结构是人们在认知过程中组织起来的经验的整体，人们接触到外界事物，获得对外界事物的经验，从而形成关于该事物的概念，单个概念或若干个概念以及有关的认知因素按一定关系联结起来的构想，就是认知结构。数学认知结构就是人们头脑里的数学知识，是人们按照自己理解的深度和广度，结合自己的认知特点，组合成的一个具有内部规律的整体结构。数学认知结构是数学知识结构和学生的心理结构相互作用的产物，是学生大脑中已有数学知识经验经自主建构而形成的。因此，认知结构不同于它所包含的知识结构，学习同一数学知识的不同学生所形成的数学认知结构可能不同。

数学认知结构既可以是学生头脑里所有数学知识、经验的组织，也可以是特殊数学知识内容的组织。每一个数学概念都可以形成一个认知结构，它又是构成更复杂认知结构的基本成分。由于数学知识的逻辑性、层次性，人们的数学认知结构同样有一个层次的阶梯。最高层次是由所有数学知识经验有机结合而成的认知结构，不同层次的内容逐渐分化成不同层次的数学认知结构，如代数认知结构、有理数认知结构等。良好的数学认知结构在教学上有两个显著的功能。首先，它能使已学的知识得到完整的认知，一旦完整的认知结构形成了，学生获得的将不是支离破碎的知识系统。例如，学生学习有理数的概念、四则运算及有关知识，其中各项目之间的内在联系稳固地建立起来，学生有了这样一个完整的认知结构，在考虑关于有理数方面的问题时，认知结构就能提供学生需要的内容。其次，认知结构是学生继续学习新的数学知识、创造性地解决数学问题的基础和有力工具。例如，学习解整式方程必须以多项式的因式分解的认知结构为工具，没有它，解一元二次方程中广泛用到的十字相乘法就用不上，也不可能建立这种方程的求根公式。

人类的认知过程力求认知与现实的平衡，为了求得平衡，人们在认知过程中将经验转换成适合新情况所需的认知结构时，必须适应数学认知结构正是按照适应的需要来发展的。适应有两个途径：顺应（也称调节或调整）与同化。顺应是改变自己原有的认知结构以适应新的情况，同化则是融合新的情况于现存的认知结构之中。在适应的过程中，如果同化起主要作用，则过程容易完成。例如，把菱形同化到平行四边形，把直角三角形两锐角之和为90°同化到三角形内角和定理。如果是顺应起主导作用，则学习要困难得多。原因在于：如果面临的新情况是学生凭他们的生活经验不易于理解的，他们情愿保留现有的认知结构而抗拒做出改变来适应新情况；要建立一个新的认知结构并使原来的认知结构为其一个部分，需要做出很大努力，而且往往要克服一系列困难，才能完成。

2. 获得意义时新旧知识的相互作用

对于个体来说，数学知识的有意义学习，就是数学知识获得意义并保存下来的过程。在新知识的学习中，认知结构中原有的适当观念起重要作用，它与新知识相互作用；将新知识固定到认知结构的适当部位，导致有潜在意义的新观念转化为实际的心理意义，同时原有的认知结构也发生变化。

（二）获得数学概念的心理分析

从新旧知识相互作用的过程来说，获得概念就是新概念的内容同原有认知结构相互作用，形成新的认知结构的过程。根据新概念与原有认知结构中的相关知识的作用方式的不同，获得数学概念可分为归属学习、总括学习、并列结合学习三种类型。这里我们从心理活动过程方面进行分析。获得数学概念，或称掌握数学概念，实质上就是掌握一类事物的共同本质属性，使符号代表一类事物而不是代表特殊事物。具体地说，就是能够辨别概念的本质属性和非本质属性，能够将其概括表示为定义，能够举出概念的正反例子，并能由抽象回到具体，运用概念解决有关问题。学生获得概念有两种基本的方式：概念形成与概念同化。美国认知教育心理学家戴维·保罗·奥苏伯尔详细分析了这两种形式所包含的不同心理过程。我们结合数学概念的特点来分析学生用这两种方式获得数学概念的不同心理过程。

1. 概念形成

学生从大量具体例子出发，从他们实际经验的肯定例证中，以归纳的方式概括出一类事物的共同的本质属性，从而获得概念的方式就是概念形成。以概念形成的方式获得数学概念的心理活动过程大致可分为如下几个阶段。

（1）观察概念的不同正面实例

教学中的实例大多是由教师提供的，是学生自己生活经验中所感知过的事物。例如，要形成平行线这一概念，可举出一段铁路上两条笔直的铁轨、黑板的上下边缘、直走的拖拉机两后轮留下的痕迹等实例，让学生明确平行线的形象。教师还可以在黑板上画出平面上一对平行直线可能出现的各种位置关系，带领学生一起观察图形。

（2）总结出各实例的共同属性

比如上例中各实例的共同属性有：可抽象地看成两条直线；两直线处于水平位置；两直线间距离处处相等；两直线没有交点；两直线可以向两边无限延伸等。

（3）抽象出各实例的共同本质属性

严格地说，这一阶段还只是提出一个本质属性的假设。如上例中的共同本质属性为在同一平面上的两直线没有交点，在同平面上两直线之间的距离处处相等。

（4）比较正反实例确认本质属性

可举出平行直线、相交直线和异面直线的例子确认并强化本质属性，排除非本质属性。

（5）概括出概念的定义

把本质属性从具体的实例中抽象出来，推广到一切同类事物并给出概念的名称，概括出概念的定义。这时还需要进一步区分各种本质属性的从属关系，找出关键的本质属性作为概念的定义。上例中可以选取"同一平面内两直线不相交"作为平行线的定义。

（6）用习惯的形式符号表示概念

如平行线用符号"//"表示。

（7）具体运用概念

通过举出概念的实例，在一类已知事物中辨认出概念的实例，或运用概念解答数学题等各种方式具体运用概念，使学生完成由抽象到具体的认知活动，自觉地把所学的概念及时纳入相应的概念体系中，使有关概念融会贯通形成整体结构。概念形成是以学生的直接经验为基础，在教师指导下自行发现数学概念本质属性的一种有意义学习。它对学生的心理水平要求不高，但比较耗时。因此，这种方式比较适合抽象层次较低，处于概念体系的基础核心位置的少数重要概念的学习。

在概念形成的学习过程中，起主要作用的智力活动方式是观察、分析综合、抽象概括、比较、形式化和具体化。其中观察、分析综合是基础，抽象概括是关键。学生能否在观察分析的基础上抽象出概念的本质属性并概括出定义，是区分学生的学习是否为有意义学习的关键点。部分学生由于没有成功地进行抽象概括，或因抽象概括能力不强而不能进行抽象概括，只好死记定义，成为机械的学习者。为了提高学习的质量，教师应注意选择那些刺激性强、典型、新颖的实例，引导学生进行深入细致的观察，进行科学的抽象和概括，还应及时引导学生对新旧概念进行精确区分、分化，以帮助学生形成良好的认知结构。

2. 概念同化

利用学生认知结构中原有的概念和知识经验，以定义的方式直接向学生揭示概念的本质属性，从而使学生获得概念的方式叫概念同化。以概念同化方式获得数学概念的心理活动过程大致可分为如下几个阶段。

第一，观察概念的定义、名称和符号，揭示概念的本质属性。

第二，对概念进行特殊的分类。讨论各种特殊情况，进一步突出概念的本质属性。

第三，把新旧概念系统化，把新概念同化到原认知结构中。

第四，辨认、比较正反实例，确认新概念的本质属性，使新概念与原有有关概念精确分化。

第五，具体应用概念。通过各种形式运用概念，使学生进一步加深对新获得的概念的理解，完成由抽象到具体的认识过程，使有关概念融会贯通形成整体结构。

概念同化是以学生的间接经验为基础，以数学语言为工具，直接接受和理解教师（或教材）所提供的概念的定义、名称和符号的一种有意义学习。它要求学生具备较为丰富的知识经验，并具有积极思维的能力和较高的心理活动水平。但概念同化比较省时，是学习一般数学概念的主要方式。在概念同化的学习过程中，起主要作用的智力活动方式是观察、分类、系统化、比较、具体化，其中系统化是关键。学生能在观察新概念的定义、名称和符号的基础上，明确新旧概念内在的关系并精确分化，建立起与原有相关概念的联系，融合到原有认知结构之中形成一个新的知识系统，是非常关键的。这种学习必须以新概念能对学生构成潜在意义为前提，否则不能构成有意义学习。在实际教学过程中，无论是在初中还是在高中，都不能单纯使用某一种方式来学习概念。但只用概念形成方式来学习，显然时间上不允许；而仅用概念同化方式来学习，由于数学概念的高度抽象性和概括性特点，学生也难以把握形式化的数学概念背后的丰富材料，难以把握概念的本质属性。况且，概念形成中的智力活动是开发学生智力、提高学生数学素养的有效途径。因此，教学中应把两种获得概念的方式综合使用，扬长避短，互相补充，提升教学效果。

（三）掌握数学定理的心理分析

为方便起见，我们可以人为地把学生掌握数学定理的过程划分为两个阶段。首先是相应命题意义的获得，这一阶段的学习与概念的获得相似，只是复杂程度有明显增加。因此，有关获得概念的心理分析对获得命题意义也是大致适用的。其次是定理的证明，数学解题包含解证明题，即定理证明便是数学解题中的一种特殊类型。因此，有关数学解题教学的心理分析对数学定理证明也是基本适用的。这里我们仅针对数学定理的特殊性进行分析。

1. 获得命题意义的心理分析

获得命题意义的实质就是新命题的内容同原有认知结构相互作用，形成新的认知结构的过程，获得命题意义的过程同样可用新旧知识相互作用的有意义学习理论来解释。奥苏伯尔根据学习进行的方式，把学习分为发现的与接受的学习。因此，有意义学习可分为有意义的发现学习与有意义的接受学习。发现学习与接受学习的学习条件、心理活动过程和它们在认知功能中的作用均有不同，如概念形成属于发现学习，而概念同化属于接受学习。

（1）命题发现

命题发现是学生通过具体例子发现命题，从而获得命题意义的一种学习方式。命题发现包括如下几方面的心理活动：首先，观察具体例子并辨别正、反例子的特征。实际教学时，往往是先明确学习任务，再进行观察。其次，进行抽象概括，提出有关结论的假设。再次，进一步观察正、反实例，检验与修正假设。最后，发现结论，形成命题。

（2）命题接受

命题接受是把命题的内容以定论的形式呈现给学生，学生结合实例接受新知识，从而获得命题意义的一种学习方式。命题接受包括如下几方面的心理活动：首先，观察新命题，并在认知结构中找到同化新知识的原有有关观念。其次，分析新知识与原有起固定作用的观念的相同点，将新知识纳入原有认知结构之中。再次，分析新旧知识的不同点，使新旧知识与原有观念之间有清晰的区别，发展原有认知结构。最后，结合观察实例（或证明）获得命题的完整意义。例如，学习平行线的判定定理时，在教师讲述或教科书直接向学生呈现这一命题后，学生便在认知结构中找到平行线的定义，并分清判定定理与定义之间的相同点（都是揭示平行线概念的本质属性）和不同点（各自反映的侧重面不同），使原有关于平行线的认知结构获得发展。随后，结合教师或教科书提供的具体例子或证明过程，学生获得了这一命题的完整意义。为了使命题接受进行得顺利，学生必须先掌握构成命题的有关概念。平行线判定定理中包括"平行线"与"三线八角"的有关概念。若学生认知结构中已获得了有关概念，则能较容易同化这一新命题。若学生认知结构中的有关概念模糊不清，甚至是错误的，或者根本不存在，则会带来机械记忆命题的危险，甚至无法使学习过程继续下去。

与概念学习一样，命题发现有利于培养学生发现性方面的能力，而命题接受则有利于学生快速获取数学命题。在实际教学过程中，往往要把这两种学习方式搭配使用，充分发挥它们各自的作用，促进数学教育质量的全面提高。对于命题（定理）的理解有一个逐步深入的过程。理解具有不同的层次，无论是命题接受还是命题发现，获得的命题意义都只是初步的，随着命题的证明（成为定理）与定理的广泛应用，学生对命题的认识将会更加全面、准确、深刻。由于命题意义的获得与概念的获得的相似性，获得命题意义的智力活动方式与影响其学习的主要因素都大致相同。

2. 数学定理证明的心理分析

前面已指出，数学定理证明可以归入数学问题解决，但由于定理证明在定理学习过程中处于核心的地位，我们还是先运用美国著名心理学家安德森提出的长时记忆的扩散激活理论对其进行心理分析。从逻辑学的角度来看，对数学命题 A 的证明可以理解为找到一个满足下列条件的有限命题序列：A_1，A_2，$A_3 \cdots A_n$。

第一种分析，A_i（$1 \leqslant i \leqslant n$）或是公理，或是定义，或是前面已证明过的定理，或是假设（命题 A 的条件），或是由前面的命题按照推理规则之一得到的结论。

第二种分析，A_n 是命题 A。由此不难理解，数学定理证明的心理过程就是把待证定理的条件与原有认知结构中的有关公理、定理、概念关联起来，通过对它们的重新组合，综合运用各种推理形式而使新定理的结论得以确立的过程。

从记忆网络激活的扩张模式来看，证明的机制就是学生在论题的刺激下，记忆网络中某些知识被激活，并且不断地沿着接线向外扩展，依次激活相应的知识；学生对被激活的知识进行选择、组织，经过推理又激活了新的知识并扩展开来；如此不断地继续下去，直到在定理的条件和结论之间出现了通道，建立了严密的推理关系为止。这里知识被激活是通过感知、识别、回想等心理过程来实现的，是指学生在感知论题后，在论题的前提和结论的刺激下，经过识别、辨认其有关特征，回忆起已有认知结构中与之相关的知识。

在证明过程中，以下几个因素影响证明能否顺利完成。

其一，思路点的准确性。记忆网络中首先被激活的那些节点，叫作思路点。思路点是证明的开始，它决定着证明的方向。如果思路点正确，那么就能形成下一步该做什么的正确期望，在正确期望的指导下就有可能搜寻到有用的信息，从而形成指导进一步行动的新的正确期望，如此反复，就有可能在前提与结论之间找到一条通道。反之，如果思路点不准确，那么就会形成不正确的期望，在不正确的期望指导下，搜寻到的信息很可能都是无用的，这样就难以在前提与结论之间形成通路。

其二，扩展力。扩展力是指记忆网络中各节点之间的激活能力。扩展力反映在量和质两个方面。量的指标是指一个节点能够激活其他节点的个数。质的指标是指由一个节点激活其他节点的正确性、清晰性。如果扩展力越强，那么被激活的知识就越多、越正确，就越能满足信息的选择、组织和推理的需要。

其三，推理能力。证明是由一系列推理组成的，从心理学的角度看，推理的作用就是使记忆网络中的节点之间发生逻辑联系。推理能力强的学生，就能迅速地对处于意识状态之中的知识进行排列组合，推出新的结论，激活新的节点，并能不断地继续下去，直到定理的条件与结论之间出现通路。因此，推理能力是影响证明顺利与否的重要因素。

其四，证明的方法与思考的方法。证明方法与思考方法的作用在于使学生产生某种有效的期望，使他们据此有计划地搜寻信息、激活思路。例如，运用综合法思考证明途径，学生就是从前提形成的期望出发激活思路点；采用分析法寻求证明途径，学生就是从结论形成的期望出发去激活思路点；运用分解或扩充的思考方法证明途径，学生可以从新旧图形之间的联系出发去激活思路点。是否熟练地掌握各种证明方法和思考方法，也是影响学生能否顺利进行证明的重要因素。

二、数学技能和数学解题教学

（一）数学技能的形成

1.技能的含义

技能是通过练习而形成的顺利完成某种任务所必需的活动方式或心智活动方式。这里的"活动方式"是指一系列外部可直接观察到的操作的有序组合方式。"心智活动"则是指借助于内部语言在头脑中进行的认知活动，包括感知、记忆、想象和思维等，其主要成分为抽象思维。技能是习得的，表现于迅速、精确、流畅和娴熟的身体运动之中。

数学技能是在数学学习过程中通过练习而形成的顺利完成数学任务的一种活动方式或心智活动方式。例如，根据运算法则进行运算，运用圆规、直尺、量角器、三角板等工具画图，使用计算器或计算机，按步骤进行推理、论证等，它们都可以按照一定的程序和方式一步步完成。这些活动方式都是数学技能，有了一定的数学技能，就能准确、协调、熟练地进行数学活动。数学技能是一种复杂的技能，它含有较多的认知成分。因为要想完成这种数学任务不能依靠单纯的肢体动作，而需配以心理活动的指导。例如，解方程的技能就不是一种单纯用手书写的活动。这种手的书写活动包括活动的程序都需要大脑根据具体情况进行调节与控制。数学技能与一定的数学知识相联系，表现为一定的数学知识的运用。例如，多项式运算的技能与多项式的概念及其运算法则相联系，表现为多项式的概念及运算法则等知识的运用。证三角形全等的技能与三角形及其全等的知识相联系，表现为对三角形全等的判定等有关知识的运用。

数学技能具有连贯性和系统性，表现为一系列局部技能的恰当组合。一项新技能的形成往往依赖于原有相关技能的发展水平。例如，复数的代数形式的运算技能以多项式的四则运算技能为基础，复数的这种运算技能表现为实部运算、虚部运算、对分母中复数的处理等一系列局部技能的恰当组合。高中数学中有关的数学技能范围很广，可以说，凡是有学生参加、有数学活动的地方都有数学技能的体现。在高中数学中要求学生掌握的基本数学技能是能算（如数的计算、式的变形、解方程等）、会画（如运用作图工具作图、绘制图表等）、会推理（如逻辑论证中的简单推理、归纳、类比推理等）。我们按技能本身的性质和特点将数学技能分为动作技能和心智技能两大类来加以讨论。

在完成一项任务中，应用的一系列以合理的、完善的方式组织起来并顺利进行的实际动作，就是动作技能。它表现为一系列可直接观察到的肢体动作，如运用工具绘画的技能、测量的技能、使用计算工具的技能等。在认识特定事物、解决具体问题中，一系列以某种合理的、完善的方式进行的心智活动，就是心智技能。它表现为不可直接观察到的大脑活动，如数的计算技能，式的恒等变形的技能，推理、论证的技能，运用数学方法的技能等。这两种数学技能既有区别又有联系，在数学活动中既有各自的功能，常常又必须联合发挥作用。例如，解方程 $7x+5=4x-4$，一方面头脑中需要按移项、合并同类项、用 x 的系数去除方程的两端的程序和步骤完成心智活动；另一方面需要用手按同样的程序和步骤在纸上完成实际动作。前者调节、控制后者，后者体现、反映前者，二者互相结合，共同完成解这个方程的任务。

2. 形成数学技能的心理分析

新行为主义心理学的刺激—反应理论认为，技能就是由系列的刺激与反应的联结形成的。

（1）数学动作技能的形成过程

数学动作技能的形成过程一般可分为如下四个阶段：① 认知阶段。即教师讲解示范，学生认真聆听和观察，然后记忆、想象的阶段。这一阶段的学习也称为知觉学习，认知的内容包括知识和动作两方面。学生要了解与某种数学技能有关的知识性能与功用，了解动作的难度、要领、注意事项及动作过程。例如，要形成解整式方程的技能，在认知阶段就是通过感知教师的讲解示范，了解整式方程、移项、合并同类项、分解因式等概念以及相应的操作，了解整式方程的步骤等。② 分解阶段。指教师把数学技能所包含的整套动作分解成若干个局部动作，让学生逐个学习。学习的重点是使适当的刺激与反应形成联结。以上述解整式方程的技能为例，整套动作可分解为移项、合并同类项、分解因式、求解等四个局部动作，学生在这一阶段就是逐个学习（或复习）、掌握这些动作，形成相应的刺激与反应的联结。③ 动作定位阶段。在掌握分解动作的基础上，将整套动作的顺序通过多次练习和局部动作的协调使之固定下来。学习的重点是建立动作连锁。例如，学生分别掌握了解整式方程的四个局部动作后，通过练习协调这些动作，组成一个有序的整体。④ 自动化阶段。使全套动作达到自动化的程度，在应用时根本不用考虑每一个局部动作，无须特殊注意和纠正，全套动作就自动完成了。学习的重点是熟练性训练。例如，学生在解整式方程时，根本不用有意识地考虑这一动作是移项还是合并同类项，而是自觉地知道怎样做，这时就称学生已掌握了解整式方程的技能。

动作技能的形成，是掌握或回顾一系列局部的实际动作，并将它们连接成完整的外部动作系统，使各动作之间的互相干扰现象逐渐减少直至消失的过程。它表现为动作速度的提高和动作准确性、协调性、稳定性、灵活性的加强，表现为视觉控制的减弱和动作控制的增强，表现为基本动作的自动化和动作紧张的消失。

（2）数学心智技能的形成过程

数学心智技能的形成过程也大致分为下述四个阶段：① 认知阶段。让学生了解并记住与技能有关的知识及事项，形成表象，了解活动过程和活动结果。在这一阶段实际上是知识学习，为形成技能奠定知识基础。例如，要形成用待定系数法分解因式的技能，必须先了解多项式因式分解的含义、多项式恒等定理，以及了解用待定系数法分解因式的步骤等知识。② 示范、模仿阶段。学生在教师的示范下，领会与理解某项数学心智活动，并根据教师的示范模仿着进行该项数学活动。③ 有意识地口述阶段。学生进行某项数学心智活动时往往是边说边做，是在有意识的言语指导下进行活动的。这一阶段的主要标志是学生不再依靠具体模式表象的依托就能应用技能进行运算，并且由教师的言语指导转化成了学生自己的言语指导。学生在做课堂练习时明显地表现出这一阶段的特征。④ 无意识的内部语言阶段。学生完成某项数学心智活动时，不再需要有意识的言语指导，而是刺激与反应几乎同时发生，即学生在该项数学心智活动中达到了熟练的程度。也就是说在后继的学习活动中，一旦遇到类似的数学活动，学生就能立即进行运算，学生对运算过程的进行和运算法则的应用完全自动化了，这就标志着该项数学心智技能已经形成。

心智技能的形成领会一系列心智活动并将它们连接成内部心理活动系统的过程。心智技能的内部言语趋于概括化和简约化，它表现为思维的敏捷性、灵活性等特性的提高，思维的深度、广度、独创性等品质的改善，表现为学生心智活动和内部言语的熟练化。

（二）数学解题教学的心理分析

1. 数学解题过程

要了解解题的心理过程并不容易，但对于数学教学这又是非常重要的。对于解决问题的复杂过程，许多研究者从不同角度，用不同方法进行了研究和探索，提出了各自不同的模式，企图将这一过程清晰地呈现出来。

（1）杜威的模式

美国心理学家杜威早在 1910 年就提出了解决问题过程的五步模式：感觉疑难、确定疑难（识别问题）、提出可能的答案（假设）、考虑各种结果（检验）、选择解答的方法（包括应用）。

（2）纽威尔和西蒙的模式

心理学家纽威尔和西蒙用计算机模拟模型研究人类解决问题的思维过程，提出了以信息处理系统说明解决问题的心理过程模式：问题（刺激）→接纳者（神经系统）→处理者（策略程式）→记忆（短时记忆、长时记忆）→处理者（策略程式）→作用者（动作技能）→解答（反应）。

（3）奥苏伯尔和鲁滨孙的模式

心理学家奥苏伯尔和鲁滨孙以几何问题解决为原型，提出了一个解决问题的模式。这个模式不仅描述了解题的一般阶段，而且指出了原有认知结构中各成分在解决问题过程中的不同作用，为培养学生解决问题的能力指明了方向。这个模式表明，解决问题一般要经历下述四个阶段：① 呈现问题情境命题。② 明确问题的目标与已知条件。③ 填补空隙过程。这是解决问题过程的核心，学生看清了已知条件和目标之间的空隙或差距，并运用有关背景命题推理规则和策略努力缩小填补问题的固有空隙。④ 解答之后的检验。问题一旦得到解决，通常便会出现一定形式的检验，查明推理时有无错误、空隙填补的途径是否简捷等。

（4）波利亚的模型

著名数学家、教育家波利亚曾花费数十年时间醉心于数学方法论和数学教学的研究，在他著名的"怎样解题表"中提出了解决数学问题的四步骤模式：弄清问题、拟订计划、实现计划、回顾。结合现代教学论与心理学的研究成果，较一致的观点是把解题过程分成四个阶段：理解问题、制订解题计划、完成解题计划、回顾。

2.数学解题过程的心理分析

学生在解数学题时，我们能看到题目和他们给出的解答结果。从解答中我们可以了解学生在解题过程中应用的一些已有知识和方法，但我们不能从所给的解答中完全了解学生实际的解题过程。当我们在观察解题过程时也可看到学生的一些行为反应以及情绪反应，有时还见到他们自言自语，可见从学生接受问题到提供解答结果之间，其心理活动和思维活动是相当复杂的。目前，已有大量实验和理论研究探讨了这些复杂的心理过程，并对解题行为有了一定的了解。这里我们仅对解题过程中的两个重要环节做些简要的心理分析。

（1）理解问题的过程

解决问题的第一步是理解问题。当解题者面对一个数学问题时，首先阅读它，通过感知题目的条件和目标，在头脑中形成有关问题初始状态的表象（问题表象），现代认知心理学家把这一过程称之为问题表征。表征是解题的一个中心环节，它说明问题与解题者认知结构中的哪些知识相联系，在头脑里如何呈现，如何表现出来。

（2）解法发现过程

对于开拓—探究式题，解题者即使能建立正确的表征，也有可能解决不了，这取决于解题者是否能找到一个合适的解题方法。在数学学习过程中，这些问题对于学生而言，都是合理的、可解的。也就是说，解题过程中所需用到的知识和运算都是在学生的记忆中可以找到的。即使这样，解题者也还要花费相当多的搜索时间和发现时间。一般来说，解决一个数学题，需要对已有的知识和运算进行新的联结。因此，解法发现过程也是一个相当复杂的过程，这个过程与解题者认知结构中的知识经验基础和思维策略水平紧密相连，知识和策略是这一过程中的两个重要因素。

在解法发现过程中，有些问题一出现在我们眼前，就能通过问题的已知信息轻易地联想起相应的知识和解法程序。但另一些问题则不同，需要经历一系列艰苦的探索过程才能得到解决。探索的方式有试误式和顿悟式两种。所谓试误式是对由知识与策略的作用产生的解题途径进行尝试，纠正尝试中的错误，直至发现解题途径。这种方式在高中生中较为常见。所谓顿悟式是经过长时间的激烈思考，由于受到某种情境的启发而突然出现灵感，一个仿佛偶然的思想在心里瞬时冒了出来，问题便不知起因地得到了解决。顿悟式解题要求问题的初始状态和目标状态与解题者的经验、认知结构有着非人为的、实质性的联系，这种联系建立得越牢固，顿悟越易产生，它是直觉思维能力在解题过程中的体现。尝试错误与顿悟并不能绝对分开，在同一探索过程中，这两种方式常常交替进行，相互补充。波利亚的解题教学思想中提出了一系列一般性的解题建议，都是为了减少试误，促使顿悟的产生，以便于学生形成系统的解题计划。

三、数学能力的培养

学生数学能力的形成和发展需要在长时期的实践活动过程中不断积累，教师在日常教学中应把培养学生的数学能力摆在一个重要位置，不断为学生创造条件，提供各种实践活动机会。下文分别探讨各种数学能力要素的培养途径。

（一）数学注意能力的培养

引起数学注意能力的因素包括客观相对强烈的刺激和主体的内在因素，其中的基本因素是学生主体的内在学习动机和兴趣。因此，培养学生的数学注意力的根本措施是想方设法强化学生的学习动机，培养他们对数学学习的浓厚兴趣。培养学生的数学注意力，主要应培养学生内在的良好的注意品质。

1. 提高注意的广度和紧张度

注意的广度也叫注意的范围，是指在同一时间内意识能清楚地把握对象的数量。注意的紧张度就是注意的专注程度，是指心理活动对某个事物的高度集中，不受其他事物影响。注意的广度大、紧张度高就能较快地阅读学习材料，排除干扰，提高学习效率，而且能较好地把握数学问题的本质。教师在教学中要引导学生从整体上注意观察材料的结构，养成整体把握材料的习惯。

2. 提高注意的稳定性

注意的稳定性是指注意长时间地保持在感受某种事物或从事某种活动上。教师在教学中应根据学生的年龄特征，提供丰富多彩的教学内容，采用灵活多样的教学方法，充分调动学生学习的积极性和主动性，培养学生注意的稳定性。

3. 改善注意的转移和分配

注意的转移是指注意主动地从一个对象或活动转到另一个对象或活动上。注意的分配是指把注意指向于不同的对象或活动。改善注意的转移和分配有利于学生快速深刻准确地把握数学问题，防止思维进入死胡同和出现丢三落四的现象，能够提高学生的学习质量。

（二）数学观察能力的培养

1. 引导学生掌握正确的观察方法

教师在教学中教应通过实例引导学生掌握正确的观察方法。如从整体到部分、再由部分到整体的观察方法；按照一定顺序如从上到下、从左到右进行观察的方法；从特殊到一般（特征、特例）进行观察的方法；结构观察方法等。

2. 注重培养学生的观察能力

第一，在教学中教师应引导学生主动感知，培养观察的目的性。学生确立了明确的观察目的，才能使观察不受无关信息干扰，提高观察效率。

第二，应注重实践检验，培养观察的客观性。通过实践检验，有助于学生克服和消除观察中产生的错觉，保证观察的客观准确。

第三，应注意观察程序，培养观察的全面性。结合观察对象的组成特点和结构确定观察顺序，以保证通过观察反映出事物的全貌以及各个组成部分的相互联系。

第四，应揭示事物的特征，培养观察的准确性。抓住了事物的特征才能认识事物本质，使观察结果与客观事物相符合。

第五，应发掘隐含条件，培养观察的深刻性。只有进行深刻的观察，才能概括出事物的发展变化规律，达到观察的目的。

3. 促进学生养成良好的观察习惯

教师在教学中应有意识地为学生提供观察素材，引导学生不断地进行观察，养成观察的习惯。教师应激励学生学会提问，提出好问题。问题从观察中来，想提问、肯提问、敢于提问正是促进学生深入观察的动力。概念教学中，可引导学生观察具体的感性材料，概括出概念的本质属性。命题及演算的教学中，可引导学生对条件和结论进行观察，把握其特征，找到简洁的解题方案。

（三）数学记忆能力的培养

为培养学生的数学记忆能力，提高记忆效果，数学教学应注意以下几个方面。

1. 要求学生明确记忆的目的和任务

研究表明，记忆的目的越明确，记忆就越牢固。因为明确了某知识的记忆任务，学生就形成了这种知识和原数学认知结构应建立密切联系的思想，记忆的同化过程就进行得顺利。在数学教学中明确记忆任务，并不是一上课就把最终目标任务毫不保留地告诉学生，而是把最终目标任务经过具体加工后，以当前任务的形式明确提供给学生。

2. 引导学生从集中注意做起

记忆与注意是紧密相关的，没有注意就不能记忆。因为瞬时记忆必须受到注意才能形成短期记忆，而长期记忆又是由短期记忆发展起来的，所以只有对需要记忆的知识集中注意，才能提高记忆的效果。

3. 要使学生透彻理解所学内容

理解是使记忆牢固的前提，而概括数学知识使之系统化，则是理解基础上的操作。系统化的材料便于在记忆中组成知识"块"，不仅可以增加短时记忆的容量，而且还适合储存在长期记忆里。

4. 督促学生合理地安排复习

数学记忆过程是学生对获得的知识进行同化的过程，因此学生学习新知识后要进行适时适量的复习与反复运用，通过复习使得学生记忆结构中新旧知识的联系更加稳固，通过运用使得这种联系更加深刻。事实上。通过反复运用来记忆正是数学记忆的重要特点，数学中的许多概念、定理、公式法则、思想方法正是在反复的运用中被逐步深入地理解，从而被牢固地记忆下来的。

5. 让学生掌握一套适合自身的记忆方法

依靠指引保持对材料的记忆，长期记忆中的材料能在需要的时候被提取出来必须具备两个条件，首先是材料必须在记忆系统里可以得到，其次在系统里的材料有办法接近和提取。对那些无法立即回忆的材料常依靠指引来提取。数学记忆中常以实物或实物的表象、图形或图像、逻辑层次关系，压缩语句等作为指引，这就形成了多种记忆方法。如逻辑记忆、块体记忆、对比记忆、简化记忆、形象记忆等。教学时，不宜要求学生机械套用各种记忆方法，而应鼓励学生借鉴各种方法形成或创造一套适合自身的记忆方法。

6. 应注意培养学生良好的记忆品质

数学记忆在大多数情况下需要的是意义记忆。死记硬背解决不了多少问题，记住了数学概念、定理、法则不等于学好了数学。因此，在数学教学中应注意培养学生数学记忆准确、系统、深刻、灵活的优良品质。

（四）空间想象能力的培养

高中数学学习中，空间想象能力主要包括熟悉基本的几何图形，能正确识图、画图；能借助图形反映事物的空间形式及位置关系；能用语言或式子表达图形的空间形式及位置关系。培养学生的空间想象能力可从以下几个方面入手。

1. 使学生学好有关空间形式的数学基础知识

掌握平面图形的基本性质是理解空间图形性质的基础；掌握投影的基础知识是绘制和识读空间图形的基础；掌握数轴、坐标法、函数图象轨迹、方程与曲线的概念等基本知识是由数量关系想象空间形式的基础。因此，使学生扎实地学好这些基础知识是培养学生空间想象能力必须具备的先决条件。

2. 用对比和对照的方法进行教学

在教学中采用对比和对照的方法，有助于学生建立空间观念和数与形的对应关系，从而培养学生的空间想象能力。例如，在立体几何教学中可由平面图形的性质类比猜想空间图形的性质，通过检验、修正、证明等环节确定了空间图形的性质以后，再回头与相应的平面图形性质对比，找出它们之间的异同。又如，在立体几何教学中，可将实物或模型与它们的直观图进行对照、分析，使学生理解图形中各元素的相互位置关系和度量关系的真实背景；在视图的教学中，可通过活动影片或幻灯片与视图进行对照，分析视图的性质；在解析几何教学中，可将数或式与图形对照，使学生理解各种曲线的性质。

3. 加强空间想象能力的严格训练

加强空间想象能力的严格训练是培养学生空间想象能力的有效途径，训练的形式和内容是多种多样的。例如，对实物进行观察解剖、分析；根据直观图自制简易模型；绘制实物、模型的直观图；根据题目中的文字和符号画出表示题意的图形，然后想象该图形反映的模型；把空间图形（直观图）中位于某个平面内的局部图形分离出来，按真实的位置关系和度量关系将其单独画出来等。空间想象能力的培养不限于平面几何与立体几何，在三角、代数、解析几何中也有充分的体现。教学时应重视数形结合，使学生能真正做到数学语言、数学表达式和图形之间互译，逐步完善和提高学生的空间想象能力。

（五）数学抽象概括能力的培养

数学是按照抽象与概括方向发展的。学会了抽象与概括，学生就能较好地认识数学对象的本质和规律，从而由感性认识上升到理性认识，从生动直观上升到抽象思维。培养学生的抽象概括能力有以下基本途径。

1. 循序渐进引导学生学会数学抽象概括的方法

几乎每一个数学概念、命题都是数学抽象概括的结果，几乎每一道数学解题都伴随数学抽象概括的过程。教师应高度重视数学科学这一特点，在指导学生循序渐进地学习数学基础知识时，要求学生有意识地去领会、理解并逐步掌握数学抽象概括的基本方法。教师应教给学生相应的逻辑知识，培养学生对概念及命题的抽象概括能力。教师应在教学中充分展现抽象、概括的思维活动过程，并要求学生独立地进行抽象概括的训练。教师在形成概念、发现命题、建立公式、归纳法则、得出解题模式和方法的过程中都可充分展现其抽象概括过程。

2. 为学生创设独立进行抽象概括的机会

需要通过严格的训练，才能达到培养学生抽象概括的能力目的。教师在概念教学中，可引导学生从实例或具体素材中抽象概括出概念的本质属性；在命题教学中，应引导学生从一类问题中抽象概括出定理、公式，完成由特殊到一般的概括过程；在解题教学中，应要求学生从现实问题中抽象概括出具体的数学模型，并抽象概括出一个问题的多种解题模式、方法；在学完一章或一节内容之后，教师可要求学生进行知识体系、解题程序和解题方法的概括整理。这些训练对培养学生的抽象概括能力是十分有益的。

四、积极心理学在高中数学中的应用策略

在高中数学教学中运用积极心理学就要求教师要以开放、平等、尊重的心态来发现学生的潜能与闪光点，教师应该使用多种手段激发学生的积极学习心理与积极学习情绪，使其从积极的角度来面对学习难题，让每个学生都能够在数学学习中重新找到乐趣，获得成功。因此，在高中数学课堂中应用积极心理学要有效落实"以生为本"的教学新思想。笔者从尊重学生的思维与认知、多开展探究活动、展开激励性教学评价三个层面，讨论积极心理学在高中数学课堂中的应用策略。

（一）尊重学生的思维与认知

要想使积极心理学在高中数学教学中发挥出积极作用，教师应尊重学生的思维与认知特点，并在此基础上展开教学活动，引起学生的学习兴趣。积极心理学认为，教师应该尊重学生的思维特点与认知水平，研究学生的"最近发展区"，这是激发他们学习兴趣与探究热情的基本前提。因此，教师必须尊重学生的思维与认识特点，站在学生的角度来教授数学，帮助学生找到学习数学的规律，使其形成正确的数学思维。

（二）多开展探究活动

教师要多开展探究性数学教学活动，让学生亲自体验发现、生成、解决问题的过程，使其感受到数学的奥妙，而实际上，这种心理也能够轻易调动起他们的学习热情。学生经过多年的数学学习，能够掌握基本的数学知识，也积累了一些学习心得与学习方法，他们需要教师为他们提供机会，让他们多参加一些探究活动，才能够真正落实这些方法，从而有所思、有所想、有所获。

（三）展开激励性评价

没有教不会的学生，只有不会教的老师。积极心理学也认为，教师应该要充分挖掘学生的潜能，从积极的角度来判断与评价。因此，教师应该在高中数学课堂中展开激励性评价，用赏识、鼓励的语言与方法来肯定每一个学生所做

出的努力，认可他们的付出，同时也用客观、正面的语言来指出学生的错误，并且帮助学生找到解决问题的方法。在实际的数学课堂上，教师要十分注意教学语言，并时刻观察学生、鼓励学生、表扬学生。同时，随时记录每一个学生的进步，使学生产生被重视的心理感受。教师在学生数学成绩后退，或者是课堂表现的积极性下降的时候，不要立即批评学生，而是与他们谈心，帮助他们找到退步的原因。

　　总而言之，积极心理学要求教师从积极的层面来看待教学问题与教学过程，这就为高中数学教育指出了新的方向，也能够让越来越多的学生克服学习数学的困难，使更多的学生在数学学习中感到快乐与轻松。因此，教师必须深入分析与钻研积极心理学的相关理论知识，以便将其落实在实际教学中。为此，教师必须尊重学生的思维与认知特点，保证数学教学活动能够引起学生的好奇心，激发出他们的求知欲；教师要多为学生创设探究学习活动的机会，为学生应用数学知识、发现问题、解决问题等活动提供用武之地；教师要展开激励性教学评价，帮助学生重塑自信，使其获得成功。

第三节　基于概念学的高中数学

一、概念的意义和结构

（一）概念的意义

　　概念是反映事物本质属性的思维形式。例如，客观现实中存在着各种球状物体：排球、乒乓球、铅球、钢球、玻璃球等。这些物体有各自的一些属性：形状、大小、颜色、重量、质地、硬度……这些属性中只有形状是共同的，其共同的本质特征就在于：同一物体表面上任一点到其内部某点的距离都相等。"球"的概念正是对这一共同本质属性的反映。至于其他的属性就当作非本质属性而舍弃。数学概念是一类特殊概念，其特殊性就表现在它所反映的本质属性只是关于事物的空间形式与数量关系方面的。上例中的"球"就是一个数学概念。

概念和语词是密切联系着的。语词是概念的语言形式，概念是语词的思想内容，两者紧密联系，不可分割。但是，概念和语词之间并非一一对应。概念一般用名词表达，同一个概念可能有不同名词表达，比如"等边三角形"和"正三角形"表示同一概念。

概念是发展、变化的。这是因为任何事物本身都是在不断发展、变化的，因而反映事物的概念也要随之发展、变化；由于人们的认识是不断深化的，因而关于事物的概念也随之发生变化。例如，数学中关于数的概念、式的概念、函数的概念等都是如此。

（二）概念的结构

任何概念都有确定的含义并反映确定的对象范围。例如，"平行四边形"这个概念，它的含义就是揭示平行四边形的如下本质属性：两组对边分别平行、两组对边分别相等、两组对角分别相等、对角线互相平分等。它所反映的对象范围包括具有上述属性的一切平面图形。概念的含义，即概念所反映的事物的本质属性称为概念的内涵；概念所反映的对象范围，即具有概念内涵的对象的全体，称为概念的外延。很明显，概念的内涵是对概念的本质属性的描述，它表明了概念所反映的事物是什么样的；概念的外延则是对概念的量的描述，它表明了概念所反映的是哪些事物。这两方面结合起来，共同确定概念，就使得每一个概念都界限分明，不同的概念之间能互相区别。概念的内涵和外延的关系，除了表现在上述方面外，还表现在它们变化时的相互制约性中。

当概念的内涵增多时，就会得到使原概念的外延缩小了的新概念；当概念的内涵减少时，就会得到使原概念的外延扩大了的新概念。例如，在"平行四边形"概念的内涵中增加"有一个角是直角"的属性时，就得到外延缩小了的"矩形"概念；在"平行四边形"概念的内涵中去掉"两组对边分别平行"的属性，就得到外延扩大了的"四边形"概念。反之，当概念的外延缩小时，概念的内涵反而增多；概念的外延扩大时，内涵反而减少。概念的内涵和外延之间的这种变化关系，称为反变关系。利用概念内涵与外延之间的反变关系，可以对概念进行"限制"或"概括"。通过增加概念的内涵，可使得有较大外延的概念过渡到一个较小外延的概念。这种逻辑方法称为概念的限制。通过减少概念的内涵，可以使只有较小外延的概念扩张为具有较大外延的概念。这种逻辑方法称为概念的概括。概念的限制有助于我们从认识事物的一般形式过渡到认识它所包含的特殊形式。概念的概括则有助于我们从认识事物的特殊形式过渡到认识事物的一般形式。数学教学中常用概念限制的方法给新概念下定义，并用概念概括的方法从一些概念中概括出更高一级的概念。

二、概念间的关系

概念间的关系是指某个概念系统中一个概念的外延与另一个概念的外延之间的关系。依据它们的外延集合是否有公共元素来分类，我们约定，任何概念的外延都是非空集合。

（一）相容关系

如果两个概念的外延集合的交集非空，就称这两个概念之间的关系为相容关系。相容关系又可分为下列三种：① 同一关系。如果两个概念的外延集合相等，则这两个概念之间是同一关系。例如，矩形与长方形的概念间就是同一关系。② 属种关系。如果一个概念的外延集合是另一个概念的外延集合的真子集，则这两个概念间是属种关系。其中外延大的概念称为属概念，外延小的概念称为种概念。例如，平行四边形与矩形概念间就是属种关系，平行四边形是属概念，矩形是种概念。需要注意的是，属概念和种概念是相对的，如平行四边形既是矩形的属概念，同时却又是四边形的种概念。③ 交叉关系。如果两个概念的外延集合的交集非空，且其同时是这两个外延集合的真子集，则这两个概念间的关系是交叉关系。例如，菱形和矩形就是具有交叉关系的概念。

（二）不相容关系

如果两个概念是同一个属概念下的种概念，它们的外延集合的交集是空集，则称这两个概念之间的关系是不相容关系。不相容关系又可分为两种：① 矛盾关系。如果两个种概念的外延集合的交集是空集，而它们的外延集合的并集与它们的属概念的外延集合相等，则这两个概念之间的关系是矛盾关系。例如，有理数和无理数对实数来说就是矛盾关系。② 反对关系。如果两个种概念的外延集合的交集是空集，它们的外延集合的并集是其属概念外延集合的真子集，则这两个概念之间的关系是反对关系。例如，锐角三角形和钝角三角形相对三角形来说，就是反对关系。

三、概念的分类

（一）概念分类的含义

概念的分类是揭示概念外延的逻辑方法。它将一个属概念按照某一属性分成若干种概念。被分的属概念叫作分类的母项，分成的基本种概念叫作分类的子项，分类时所依据的属性叫作分类的标准。对同一概念，可以选择不同的标准作不同的分类。通过分类，可以使有关概念的知识系统化、完整化，同时也能对被分概念的外延认识得更深刻。

（二）概念分类的要求

第一，分类后各子项互不相容。

第二，各子项外延的并集等于母项的外延。把这两项要求结合起来，就是要求分类不重不漏。例如，把平行四边形分为菱形和非菱形的平行四边形符合上面的要求。如果把平行四边形分为菱形、矩形和正方形，则犯了既重又漏的逻辑错误。

第三，每一次分类的标准唯一。根据不同的目的，分类可以选用不同的标准。但是，在同一次分类中不能同时采用不同的标准。例如，三角形既可以按边分为不等边三角形和等腰三角形，又可以按角分为锐角三角形、直角三角形和钝角三角形，但不能分为等腰三角形、直角三角形。

第四，分类不要越级。即每次分类的子项应取母项最邻近的种概念。例如，把复数分为有理数、无理数和虚数就不符合这一要求。

四、数学概念的定义

（一）定义的作用

概念是由它的内涵和外延共同明确的。由于概念的内涵与外延的相互制约，所以确定了其中一个方面，另一方面也就随之确定。概念的定义就是揭示该概念的内涵或外延的逻辑方法。揭示概念内涵的定义叫作内涵定义，揭示概念外延的定义叫作外延定义。在高中数学中，大多数概念的定义是内涵定义，只有少量是外延定义。任何定义都是由三部分组成：被定义项、定义项和定义联项。被定义项是需要明确的概念，定义项是用来明确被定义项的概念，定义联项则是用来表示被定义项与定义项之间的必然联系的概念。例如，"有两边相等的三角形叫作等腰三角形"。在这个定义中，"等腰三角形"是被定义项，"有两边相等的三角形"是定义项，"叫作"是定义联项。

（二）定义的方式

1. 邻近的属加种差定义

在一个概念的属概念当中，内涵最多的属概念称为该概念邻近的属。例如，矩形的属概念有平行四边形、四边形、多边形等，其中平行四边形是矩形邻近的属。要确定某个概念，在知道了它邻近的属以后，还必须指出该概念具有，而它的属概念的其他种概念不具有的属性才行。这种属性称为该概念的种差。如"一个角是直角"就是矩形区别于平行四边形其他种概念的种差。这样，我们就可以把矩形定义为："一个角是直角的平行四边形叫作矩形。"一般地，邻近的属加种差的定义方式可用下面的公式来表示：

$$被定义项 = 邻近的属 + 种差$$

需要指出的是，对于同一个概念，可以选择同一个属的不同的种差，做出不同的定义。当被定义的概念的邻近的属概念不只有一个时，也可选择不同的属及相应的种差下定义。高中数学中十分常用的定义方式就是邻近的属加种差的定义。

2. 发生式定义

发生式定义是邻近的属加种差定义的特殊形式，它是以被定义概念所反映的对象产生或形成的过程作为种差来下定义的。例如，"圆是由一定线段的一动端点在平面上绕另一个不动端点运动而形成的封闭曲线"。这就是一个发生式定义。类似的发生式定义还可用于椭圆、双曲线抛物线、圆柱、圆锥、圆台、球等概念。

3. 关系定义

关系定义是邻近的属加种差的另一种特殊形式，它是以被定义概念所反映的对象与另一对象之间的关系，或它与另一对象对第三者的关系作为种差的一种定义方式。

4. 外延定义

外延定义是用列举属概念下的所有的种概念的办法来定义属概念的。例如，"整数和分数统称为有理数"就是一个外延定义。外延定义还有一种特殊形式，即外延的揭示采用约定的方式，因而也称约定式定义。

（三）定义的要求

为了使概念的定义正确、合理，应当遵循以下一些基本要求。

1. 定义要清晰

定义项所选用的概念必须完全且已经确定。循环定义不符合这一要求。所谓循环定义是指定义项中直接或间接地包含被定义项。例如，定义两条直线垂直时，用了直角："相交成直角的两条直线，叫作互相垂直的直线。"然后定义直角时，又用了两条直线垂直："一个角的两条边如果互相垂直，这个角就叫作直角"。这样前后两个定义就循环了，结果仍然是两个"糊涂"概念。同义反复也不符合这一要求，因为它是用自己来定义自己。例如，"互相类似的图形叫作相似形"。显然，这样的"定义"没有意义。此外，定义项中也不能含有"应释未释"的概念或以后才给出定义的概念。

2. 定义要适度

定义项所确定的对象必须纵横协调一致。同一概念的定义, 前后使用时应该一致不能发生矛盾; 一个概念的定义也不能与其他概念的定义发生矛盾。例如, 如果把平行线定义为"两条不相交的直线", 则与以后要学习的异面直线的定义相矛盾; 如果把无理数定义为"开不尽的有理数的方根", 就使得其他的无限不循环数被排斥在无理数概念所确定的对象之外, 造成数概念体系的混乱。因此, 如果是事先已经获知某概念所反映的对象范围, 只是检验该概念定义的正确性时, 可以用"定义项与被定义项的外延必须全同"来要求。上面的例子, 都是定义项与被定义项的外延不全同的情形。

3. 定义要简明

定义项的属概念应是被定义项邻近的属概念, 且种差是独立的。例如, 把平行四边形定义为"有四条边且两组对边分别平行的多边形"是不简明的, 因为多边形不是平行四边形邻近的属概念; 如果把平行四边形定义为"两组对边分别平行且相等的四边形"也是不简明的, 因为种差"两组对边分别相等"与"两组对边分别平行"不互相独立, 由其中一个可以推出另一个。

4. 定义项一般不用负概念

负概念是指反映对象不具有某种属性的概念。从纯逻辑观点看, 定义项用负概念是允许的, 数学中有些概念的定义项也用负概念, 例如, "不能被 2 整除的整数叫奇数""无限不循环的小数叫无理数"等。但是, 从教学的角度考虑, 负概念较难理解。因此, 除了非用不可的少数概念以外, 大多数数学概念的定义项都不宜用负概念。

5. 原始概念

按定义的第一条要求, 对某概念下定义时, 定义项选用的必须是先前已被定义过的概念。这样顺次上溯, 终必出现不能用前面已被定义过的概念来下定义的概念。这些概念称为原始概念。数学中, 点、直线、平面、集合等都是原始概念。在高中数学教材中, 虽然对原始概念也有解释, 但这种解释并不是定义。

第四节 基于逻辑学的高中数学

一、判断与命题

（一）判断

判断是对思维对象有所断定的一种思维形式。例如，"π是无理数""△ABC不是直角三角形"等都是表示判断的语句。判断有真假之分。正确地反映了客观现实的判断是真判断，否则就是假判断。判断可按不同的标准进行分类。按判断本身是否还包含其他判断可分为简单判断和复合判断。对于简单判断，又可按其所断定的是对象的性质还是关系而分为性质判断和关系判断。对于复合判断，则可按照组成它的各个简单判断之间的结合情况而区分为负判断、联言判断、选言判断、假言判断。每类判断都有其特有的结构。这里我们只着重介绍性质判断的结构。

性质判断由主项、谓项、联项、量项组成。主项表示判断对象的概念，用"S"表示。谓项表示判断对象的性质的概念，用"P"表示。联项是主项与谓项之间的连词，常用"是"或"不是"表示，一般又称为判断的"质"。量项表示判断中主项数量的概念，一般称为判断的"量"，有全称量项与特称量项之分。全称量项用"所有"表示，在判断的语言表达中可以省略；特称量项用"有些"表示，在判断的语言表达中不能省略。例如，"菱形是平行四边形"是一个省略了全称量项的判断，其中的菱形是主项，平行四边形是谓项，联项用"是"表示；"有的三角形不是直角三角形"是一个带特称量项的判断，三角形是主项，直角三角形是谓项，联项即"不是"。

性质判断的基本结构是"所有（有的）S是（不是）P"。按"质"和"量"

的不同搭配又分成以下四种。

全称肯定判断：所有 S 都是 P。

全称否定判断：所有 S 都不是 P。

特称肯定判断：有 S 是 P。

特称否定判断：有 S 不是 P。

（二）命题

判断是用语句表达的。表达判断的陈述语句称为命题。命题是数学的基本组成部分。数学中的命题往往用符号的组合来表示。

判断有真假，表达判断的命题也相应地有真假。我们用 A、B、C 或 p、q、r 等表示任意的命题。当 p 是真命题时，记作 "$p=1$"；p 是假命题时，记作 "$p=0$"。1 和 0 称为命题的真值。与判断的分类相对应，命题也有简单和复合之分。数学中研究的大部分是复合命题。

二、逻辑规律

逻辑规律反映科学思维的一般特点和要求。在形式逻辑范围内，各种思维形式本身、思维形式之间的联系都要分别符合某些特定的要求，所有这些逻辑要求都属于逻辑规律。例如，前面已经提到的概念定义的要求、概念分类的要求等，都是逻辑规律。

（一）基本规律

在众多的逻辑规律中，通常是把同一律、矛盾律、排中律和充足理由律分出来，这四条规律叫作形式逻辑的基本规律。除了充足理由律外，其余三条规律都可以表达为恒真命题。

1. 同一律

关于任何对象的思想的外延和内涵，在对该对象进行论断的过程中应当严格确定和始终不变。

2. 矛盾律

在对任何一个特定的对象的论断过程中，不能在同一方面既肯定什么又同时否定什么；否则，这两个判断就不能同时都真。

3. 排中律

在论断的过程中，必须对问题作出明确的肯定或者否定判断。这时，两个相互否定的判断中必有一个是真的。排中律与矛盾律对思维要求的侧重点不同。矛盾律只是不容许思维有逻辑矛盾，指出互相否定的思想不同真；排中律则要求人们在相互矛盾的判断中承认其中必有一真。

从命题的真假值方面来说，任何一个命题，如果它是真的，它就是真的；它不能既是真的又是假的；它或者是真的或者是假的。因此，以上三条规律就是关于命题真假值的规律，而命题的真假值是命题与命题之间的逻辑关系的基础，因而它也是一切推理形式的基础。

4. 充足理由律

在论断过程中，只有可以提出充足理由证明其为真的那些判断，才可以认为是确实可信的。它的公式是"A 真，因为 B 真并且 B 能推出 A"。充足理由律是一切推理和证明必须遵循的最基本的逻辑规律。

（二）推理规则

1. 推理的意义

推理是从一个或几个判断中得出一个新判断的思维形式。在推理中，所根据的已知判断叫作推理的前提，得出的新判断叫作推理的结论。例如：平行四边形的对边相等，四边形 $ABCD$ 是平行四边形，所以四边形 $ABCD$ 的对边相等。以上三个判断构成一个推理，前两个判断是这个推理的前提，最后一个判断是推理的结论。

2. 推理规则

推理必须遵循一定的规则。推理规则即正确的推理形式，也就是当前提为真时能保证结论必真的那种推理形式。

三、数学证明

（一）证明的意义和结构

证明就是根据已经确定其真实性的命题来确定某一命题的真实性的思维过程。任何证明都由论题、论据、论证三部分组成。论题是需要确定其真实性的命题；论据是用来证明论题的真实性所引用的那些真实命题，如定义、公理、定理等；论证就是根据论据推出论题真实性的一系列推理过程。在高中数学中，一个完整的证明分为已知、求证、证明三部分，其中"求证"的内容就是论题，"证明"的内容则是论证，"已知"的内容则是论据的一部分，因为论据中除了已知条件外，还需要引用其他真实命题。

（二）证明的规则

在上面关于证明的结构分析中，已经涉及对证明的逻辑要求。为了明确起见，我们把任何一个证明都必须遵守的逻辑要求作为证明规则列出，具体如下。

1.论题必须确切

论题必须是确定的、明白的判断，不能含糊其词，模棱两可。比如，"求证两相似三角形的高的比等于相似比"，这个论题就不确切，因为三角形有三条高，它没有指明两个三角形要证的高之间的对应关系，因而无法证明。

2.论题应当始终同一

在论证过程中，论题必须始终保持不变；否则，就要犯"偷换论题"的逻辑错误。例如，要证明四边形的内角和等于360°，如果用矩形代替一般四边形来进行论证，就偷换了论题。

3.论据必须真实

论证是由一系列推理组成的，每一个推理的前提就是论据。只有论据真，按照推理规则得出的结论才会真。若论据假，即使是按照推理规则进行推理的，得出的结论也不一定真，因而整个论证失效。违反这一规则的逻辑错误是引用假论据或其真假未经证明的论据。

（三）证明方法及其逻辑基础

证明方法可以从不同的角度进行分类。下面结合高中数学中常用的证明方法进行简要介绍。

1. 直接证法与间接证法

由命题的条件以及已学的定义、公理、定理等，直接推出命题的结论，这种证明方法称为直接证法。但是，有些命题不容易直接证明，我们转而证明命题的否定假，或者在特定条件下，证明与命题同值的命题成立，这种间接证明原命题为真的证明方法，称为间接证法。下面只介绍间接证法。

（1）反证法

通过证明命题的否定命题假，从而肯定命题真的方法，叫作反证法。

（2）同一法

在一般情况下，一个命题与其逆命题不一定同真。但是，如果一个命题的某一个条件和某一个结论所指的概念是具有同一关系的概念，交换那个条件与结论所得的逆命题与原命题同值，我们称这样的命题符合同一原理。如果一个命题符合同一原理，当直接证明该命题有困难时，我们可以转为证明与它同值的那个逆命题为真，从而肯定原命题真，这种证明方法叫作同一法。

2. 综合法与分析法

要证明一个命题，我们既可以从条件入手思考，也可以从结论开始思考。根据思考的方向和推理顺序不同，证明的思考方法可分为综合法和分析法。

（1）综合法

综合法是一种"由因导果"的思考方法。即从命题的条件出发，经过逐步的逻辑推理，最后得到待证的结论。

（2）分析法

分析法是一种"执果索因"的思考方法。即从待证的结论出发，寻找它成立的充分条件，再进一步寻找这个条件成立的充分条件，这样一步步地追溯，最后要找的条件就是已知条件。分析法的逻辑依据与综合法完全一样，因为它们只是思考顺序不同而已。对于比较复杂的证明题，往往把分析法与综合法结合使用，在分析的基础上综合，在综合的指导下分析，以便找到证题途径。还有一种情况是，同时从已知及结论出发，逐步分别进行推理及追溯，直到推理所得的中间结论与要寻求结论成立的充分条件相同时为止。这种思考方法叫作分析综合法。

第四章　基于深度学习的高中数学教学模式

为了实现深度学习，本章从教学方面着手，构建了关于提升学生深度学习的高中数学教学模式。该教学模式主要分为四个阶段，依次为准备阶段、预热阶段、主体阶段和评价阶段，下面将对这四个阶段展开详细叙述。

第一节　高中数学深度学习教学模式的准备阶段

在准备阶段，教师需要在明确课程的教学目标和做好预评估的基础上完成课程设计，也就是要做好每节课的教学设计。教学目标和预评估是双向关系，因为预评估的测试题需要根据教学目标对学生的要求来精心设计，而预评估的测试结果可以帮助教师修改和完善最初设计的教学目标，因此一个好的教学设计需要教学目标和预评估的共同支持。

一、明确教学目标

教学目标不仅在教学活动中起导向作用，而且影响着整个教学活动的开展。在设计教学目标时，要明确其对教学活动的深度和广度的指导作用，以促进学生在数学课堂的深度学习。为了设计好教学目标，教师需要关注以下方面。

（一）《普通高中数学课程标准》具体内容

《普通高中数学课程标准(2017年版2020年修订)》[①]向一线教育者传达了基本教育理念：课程设计与教师教学要以学生的发展为本；教学内容要渗透数学文化；在教学中启发学生深入思考问题，在合作探究中把握数学知识的本质；评价要关注学生数学核心素养的达成情况，重视学生的学习过程。另外，《普通高中数学课程标准》也规定了学生在三维教学目标方面所要达成的基本要求，因此教师需要认真学习和研究《普通高中数学课程标准》，学习最新教育理念，并将教育理念中的要求融入教学目标之中。

（二）三维教学目标要紧密相连

在实际教学过程中存在三维教学目标被割裂的现象，这是由于许多教师未能充分认识到教学目标之间是紧密相连的。比如，有的教师在教学中比较注重学生对新知识的掌握；有的教师在教学中比较注重培养学生的学习兴趣和求实的科学态度等，但他们却都忽视了另外两个目标维度。三维教学目标是三位一体不可分割的，因为知识与技能是另外两个目标维度的基础，是前提性目标，情感态度与价值观是另外两个目标维度的动力，具有推动作用，而知识与技能、情感态度与价值观这两个目标维度的发展需要通过学习过程（即过程与方法目标）来实现。因此，教师不能用孤立的眼光看待教学目标，而要关注其完整性，实现三维目标的整合。

（三）教学目标要关注学情

学生是学习的主体，教学目标的制定需要关注学生的学习情况，学生的知识储备、心理状态和学习需求都会影响学习效果。如果教师设定的教学目标超出了学生的接受范围，学生会在数学课堂上感到学习困难，从而无法进行深度

---

① 此处及后文涉及的《普通高中数学课程标准》均为《普通高中数学课程标准（2017年版2020年修订）》。

学习,随着时间的推移,学生会害怕数学。如果教师设定的教学目标过于简单,学生可以在没有花费太多学习精力的情况下达到教学目标的要求,会使学生变得懒惰。所以,教学目标设定的太难或太容易,学生的学习积极性都会降低,不利于深度学习。因此,教师应做好学习诊断工作,制定符合学生接受程度和需要的教学目标。

二、注重学情分析

预评估是学情分析的有效手段。预评估有助于教师合理安排教学时间,精准构建基础知识。在深度学习中,学生在学习新的数学知识时,常会利用已有的数学知识或生活经验联结新的知识,所以教师需要了解学生关于该章节或课时的背景知识、学生的学习习惯和学习风格等,使学生清楚在一个章节或课时要达成哪些学习目标。了解学生仅靠日常的观察往往是不够的,为了大致而快速地了解学生的学习情况,可以采用预评估的方法。预评估测试卷题目不用非常复杂,只需根据教学目标,设计几道简单的题目,题目的类型可以是选择题、判断题或者简述题等。深度学习路线中一般把测试的时间安排在新章节教学前,答题的时间控制在 5 ~ 10 分钟,且不记名答卷。对于高中数学而言,学生学习数学的时间紧迫,如果测验时间安排在新章节教学一周或两周之前,学生几乎没有时间提前预习,对新课内容的了解自然很少,测验也不会很理想。所以笔者认为,测验应该在学生预习新课的基础上进行,可以把测验时间安排在即将开始新章节教学前。

第二节　高中数学深度学习教学模式的预热阶段

笔者将预热阶段安排为课前的五分钟到课上的五分钟,课前五分钟不是说教师要占用学生的课间休息时间,而是教师自己需要在课前做好准备,比如调试好课件、动画或者其他需要用到的多媒体软件等。在课上的五分钟，教师需要告知学生课时的学习目标，使学生建立起积极的心理准备。教师还要利用导入手段引导学生更好地理解知识，并在学生初步认识新知识后，通过激活学生的先期知识，加强学生已有知识经验与新知识的联系，为下一阶段的学习做好准备。

一、营造积极的学习文化

把营造积极的学习文化放在这一阶段的开始部分，并不是意味着它是预热阶段的第一环节，而是因为营造积极的学习文化是深度学习教学模式实施的前提条件。营造积极的学习文化包括以下两个方面。

（一）良好的师生关系

良好的师生关系是促进数学课堂教学活动顺利进行的重要条件。它不仅可以使学生拥有安全的感觉，而且还会使学生愿意相信自己的教师，主动地接受教师的教育和影响；它还可以营造民主舒适的课堂氛围，让学生感到舒适和快乐，此时学生的思维会非常活跃，学习更积极主动，理解知识的速度更快，学习效率也会提高。

（二）良好的生生关系

良好的生生关系也是教学活动顺利进行的重要因素。当学生能够以积极的意愿一起学习数学时，使用小组合作学习的形式可以帮助他们互补优势，提高他们的情商，培养他们的合作意识，帮助他们承受相对较高的挑战。此外，学生之间的合作精神和适当的竞争意识也在一定程度上支持深度学习。

二、告知学生学习目标

告知学生学习目标有助于学生在正式学习前建立积极的心理准备，对后续学习有积极的导向作用。它能引起学生对学习重点的关注，促进学生构建知识之间的联系；它有利于学生积极参与学习过程，提高学习积极性；它能激发学生围绕学习重点进行思考，帮助学生有序地组织思维。与简单地告诉学生不同，教师需要与学生分享他们的学习目标，以便他们知道在课堂上学习什么，新知识可以解决什么样的问题，以及这些想法对他们未来的学习有什么好的影响，从而提高他们的学习动机。

例如，在"古典概型"的教学中，教师可以告知学生通过学习古典概型能够更好地认识生活中的遗传问题、猜拳问题和常见的摸奖问题等，从而激发学生的积极性。

三、引导学生觉知知识

觉知是学生进行深度学习的前奏，在这一阶段，学生的大脑需要为更多组块的信息做好充分的准备。学生的身心状态和对当前课堂学习兴趣的浓厚程度、所学知识的意义的理解程度以及知识背景信息的把握程度都会影响觉知领域的发展。为了使学生更好地感悟知识，可以运用以下导入手段引起学生的注意，激发学生的学习兴趣和调动学生的学习主动性，使学生将学习状态调整到相对更好的水平，能够及时地接收到教师给予的刺激，主动获取新知识。

（一）情境导入法

情境导入法是指教师设置与新知识相关的生活情境或熟悉的典故，使学生感觉自己置身于教师所描述或展示的情境中，从而激发学生的学习兴趣和求知欲，使其熟练地从情境中抽象出要学习的数学问题，然后将其引入新的课堂。

例如，在学习"函数的单调性"时，教师可以展示北京某日的温度变化图这一贴近学生生活经验的情境。

（二）故事导入法

利用与新知识相关的数学故事导入新课，可以引起学生的注意，激发学生的学习兴趣和探究知识的欲望。例如，在"等差数列的求和公式"一课中，教师可以讲德国著名数学家高斯在八岁时，就能在极短时间内算出 1 到 100 的和的故事，激发学生的学习兴趣。

（三）数学史导入法

数学史导入法是指教师在导入新课时可以给学生讲述与新知识相关的数学家的传记或数学发展史，利用榜样的力量感染学生，调动他们学习的积极性。例如，在学习"二项式定理"时，教师可以使用 PPT 向学生展示我国古代著名的"杨辉三角"，激起学生学习的热情与积极性。

（四）实验导入法

数学教学不能单纯从理论角度实施教学，需要同时注重实验操作，让学生在具体的实验中理解数学知识，如此一来能有效培养学生举一反三的能力。因此，在高中数学教学中，教师可以利用实验导入新课，以此培养学生在实践中获取知识的能力。例如，在"数学归纳法"一章的教学时，教师可以不直接讲解归纳法，而是让学生利用多米诺骨牌做一个实验：首先学生要把所有骨牌按直线摆好，每两个骨牌之间都保持相同的恰当的距离，然后轻轻碰到第一枚骨牌，会发现所有的骨牌会依次倒下。

这种趣味式的实验不但能激发学生的兴趣，更能让学生在动手实验的过程中体会数学归纳法的原理。

四、激活先期知识

先期知识是指学生已有的知识或经验。建构主义者认为，学习不单单是知识的传递，还是学生建构自己的知识经验的过程，这种建构是通过新旧知识经验之间的双向的、反复的相互作用而实现的。因此，教师在导入新课之后，最好不要急于进入探究新知识的环节，而要通过一些方法激活学生的背景知识，然后在探究活动中使学生的旧知识经验与新知识相互作用，从而更好地建构新知识。当然，教师也不应只在此环节激活学生的先期知识，也可在学习活动需要学生的先期知识参与时，巧妙点拨。

教师在数学课堂上激活学生已有知识经验的方法或手段有如下几种。

（一）口头提问法

口头提问是激活学生已有知识经验最直接的方法，这种激活方法具有简单、方便和可操作性强的特点，在日常教学中，教师常用口头提问的方式帮助学生复习知识和巩固知识。例如，在"映射概念"的教学中，教师可以提问学生函数的定义，帮助学生回忆起函数定义中的非空数集，从而为学习映射的概念做好知识铺垫。

（二）多媒体技术直观教学法

运用图片、视频等多媒体手段串联数学知识，形象直观地展现数学情境，都有助于激活学生大脑中的背景知识，吸引学生的注意力，激发学生的兴趣，从而调动学生的学习积极性。例如，在"直线与圆的位置关系"的教学中，教师可以向学生展示"海上生明月"的动画，引导学生将月亮抽象为圆，海面抽象为直线，使学生回忆这种场景与自己学习过的什么知识有所联系，从而激活学生初中学习过的直线与圆的位置关系的知识，并使学生将"海上生明月"的过程抽象为相交、相切和相离三种情况，为下面学习代数证明方法做好知识铺垫。

（三）练习题法

练习题蕴含着丰富的知识点，学生可以在解决问题的过程中回顾学习的知识，因此提供练习题是激活学生旧知识经验，帮助学生巩固知识的好方法。例如，在"等差数列前 n 项和"的教学中，教师可以设置这样几道练习题：

思考如何求以下各式的和？

前 100 个自然数的和：$1+2+3+\cdots+100=$_____；

前 n 个奇数的和：$1+3+5+\cdots+(2n-1)=$_____；

前 n 个偶数的和：$2+4+6+\cdots 2n=$_____。

一般情况下，学生在初中阶段就已经知道了第一小题的答案，因此教师通过设计第一小题可以激活学生已有的知识经验，使学生利用自己掌握的解题方法或技巧去探究第二题和第三题，激发学生对新知识的求知欲望。

（四）小组讨论

在学习比较复杂的知识时，教师可以让学生以小组形式讨论交流，在交流过程中填补以前学习中的认知空隙，加深学生对知识的深层理解，不断激活学生已有的知识经验。

例如，在"椭圆中求最值"的教学中，教师可以引导学生回忆学习过的求最值方法，如利用函数单调性、利用不等式和数形结合等。由于方法众多，教师可以让学生小组讨论，对方法进行归纳分类，为学生学习在椭圆中求最值问题做好方法准备。

第三节　高中数学深度学习教学模式的主体阶段

高中数学深度学习教学模式的主体阶段主要包括引导学生综合分析知识，引导学生应用知识和引导学生同化知识三部分。

一、引导学生综合分析知识

虽然觉知还不是深度学习的真正领域，但它帮助学生在心理上做好了深度学习的准备。接下来，深度学习就自然地进入综合分析阶段，在这一阶段，学生会从整体到部分，再从部分到整体地多角度认识新知识，并对新知识进行整合和意义建构。为了使学生更好地理解知识、建构知识，教师可以采取以下教学策略。

（一）注重合作，建立学习共同体

在学习过程中，教师有必要引导学生建立学习共同体，使学生在小组学习中进行合作。因为在"学习共同体"中，学生的互动活动会促进他们的认知与思考。在教师下达学习任务时，学生会在任务中思考问题，通过讨论和交流形成自己的判断，表达自己对问题的理解和解决问题的不同想法。学生在互动的过程中分享了自己的观点，扩大了自己的知识面。

（二）引导学生运用多种方法实现知识的意义建构

教师可以引导学生运用如实验、类比推理、归纳推理和从特殊到一般等多种方法学习数学，使学生更好地理解新知识，并实现新知识的意义建构。

1. 运用操作实验

直接经验对学习数学具有特殊意义，学生动手参与数学实验后，更易实现知识的意义建构。如在"指数函数的性质"教学时，教师可借助几何画板让学生进行数学实验，学生通过随意取值画出相应的指数函数图像，观察、讨论交流底数对指数函数的性质的影响。随后，教师动态演示函数图像的变化情况，让学生更为直观地感知指数函数具有的一般性质。教师在函数图像的变化实验中，激发学生的思维冲突，使学生主动调整对指数函数的认知。学生在经历师生讨论、交流和逐步分析后，归纳出指数函数的性质，最终达到对指数函数的性质的有效意义建构。

2. 运用类比推理

类比推理活动是实现意义建构的重要方式。在进行类比推理活动时，首先要引导学生在原有的认知结构中寻找恰当的类比原型。然后根据类比原型的结论及其推导方法，提出类比猜想，再进行检验或证明。如在"等比数列的性质"教学中，教师可以引导学生从等差数列的性质入手，运用类比推理得到等比数列的性质。

师：根据前面学习的知识，我们知道在等差数列 $\{a_n\}$ 中，若自然数 m，n，p，q 满足：$m+n=p+q$，则 $a_m+a_n=a_p+a_q$。那么在等比数列中有没有类似的结论呢？

生1：在等比数列 $\{a_n\}$ 中，自然数 m，n，p，q 满足 $m+n=p+q$，则 $a_m+a_n=a_p+a_q$。

生2：在等比数列 $\{a\}$ 中，自然数 m，n，p，q 满足 $m+n=p+q$，则 $a_m a_n=a_p a_q$。

师：两名同学的猜想哪一个正确呢？（学生动手证明两种猜想）

生：运用等比数列的通项公式可以证明第二种猜想正确。

3.运用归纳推理

归纳推理是通过总结同类事物中所蕴含的同一性或相似性而得出此类事物的一般性结论的思维过程，它也是实现知识意义建构的重要方式。如在"同角三角函数的基本关系式"教学中，教师可以引导学生计算下列各式的值：

$sin^2 30° + cos^2 30°$ ；

$sin^2 45° + cos^2 45°$ ；

$sin^2 60° + cos^2 60°$ 。

通过运算，发现各式的值均为 1。

师：这一结论能否推广到任意角 a，猜想有什么结论？

生：$sin^2 a + cos^2 a = 1$。

师：很好。又由 $tan30° = \dfrac{sin30°}{cos30°}$，$tan45° = \dfrac{sin45°}{cos45°}$，$tan60° = \dfrac{sin60°}{cos60°}$，推广到任意角 $a\left(a \neq \dfrac{\pi}{2} + k\pi, \ k \in \mathbb{Z}\right)$，猜想有什么结论？

生：$tan a = \dfrac{sin a}{cos a}$

师：如何证明这些公式？（引导学生联想三角函数的定义）

二、引导学生应用知识

应用知识一方面是指将所学知识运用到生活实际当中，另一方面是指运用所学知识解决数学问题，在这里主要指第二方面。学生通过解决数学问题展示其学习的新知识，证明其已经掌握当堂的学习内容，因此教师需要精心安排练习的内容，促进学生应用领域的发展。

（一）循序渐进

练习的设计应符合学生的认知规律，由简单到复杂，循序渐进，使不同层次的学生能够运用知识解决问题。练习一般要经过模仿、掌握、熟练和创造几个阶段。在不同的阶段，问题的难度应该是不同的，也就是说，练习的设计应该符合学生的知识水平。一开始，教师不能直接展示高难度练习，这很容易挫伤学生的积极性并增加其恐惧感。经过多次积累，学生在数学学习上会产生厌倦感。分层实践可以让学生体验思维发展的过程，体验小步骤成功的乐趣，以及从基础到综合的实践过程，使学生逐步掌握知识和解决问题的技能，能够灵活运用知识解决问题。

（二）一题多变

为了培养学生的迁移能力，教师在课堂练习时可以利用一题多变的方式，加深学生对数学知识的理解，使学生摆脱对特定的情境或条件的依赖，能够在多变的题干条件或情境下解决问题，不断培养学生融会贯通、举一反三和触类旁通的能力。例如，在"二次函数的最值问题"教学的练习环节，教师可以先出示题目：求函数 $y=x^2+4x-2$ 的最小值。这是一道简单的应用题，是求函数在定义域中的最值，对于学生来讲，一般难不倒他们。经历简单的练习之后，教师需要对题目的难度进行升级，给出题目的变式。

变式 1：求函数 $y=x^2+4x-2$ 在 $[0，2]$ 上的最大值和最小值。

变式 1 的函数形式不变，不过对求最值限定了区间条件，一般称之为"轴定区间定"问题，相对原题来说，难度稍高一点。

变式 2：若 $g(x)=x^2+4x-2$ 定义在 $[a，a+1]$ 上，求 $g(x)$ 的最值。

变式 2 的函数形式依旧未变，但其定义的区间是由参数表示的，也就说它的定义区间随着 a 的变化而变化，一般称之为"轴定区间变"问题，相对变式 1 而言，变式 2 难度更高，需要学生掌握分类讨论的思想方法。

教师通过变换题目的条件，将一道原本简单的题目变得越来越复杂，使学生得到了充分的练习，并在一层一层的练习中领会到题变思想不变的道理，逐渐做到把握知识的本质。

（三）一题多解

一题多解表现为从不同角度分析和思考问题，由此产生不同的解决问题的方法。通过一题多解不仅能够促进思维的发展，使学生在思考问题时能够更全面、不重复、不遗漏、有规律，而且能够使学生具备更多的解题策略，并灵活地变换解题策略。许多数学问题解法都不止一种，课本例题的解题方法或者教师提供的解题思路都不一定是最优的方法。因此，教师要帮助学生树立自主解题意识，鼓励学生相信自己，不拘于已有的解题方法，敢于创新与探索。如果学生独立发现了新的解题思路，不仅会产生对数学学习的热情，还能够丰富学生的解题经验。例如，"$a>0$，$b>0$，$\frac{1}{a}+\frac{1}{b}=1$，求 ab 的最小值"这个问题，一般情况下，学生会利用不等关系解决问题，这时教师可以引导学生去思考有没有其他解决问题的方法。

师：对于这个问题，除了可以利用不等关系解题，还有没有其他的方法？想想 1 的平方还……

生：我知道了，可以利用平方法，把 1 替换为 $\left(\dfrac{1}{a}+\dfrac{1}{b}\right)^2$，再根据不等式就可以求出结果了。

师：非常好，这名同学认识到平方后的等价关系，巧妙地解决了问题。

对于这个问题，解法还有很多，笔者不再一一介绍。不过在教学过程中，教师通过引导学生运用多种方法解决该问题，可以使知识点得到充分的展示，体现数学知识的连贯性，充分培养学生的发散性思维和解决问题的能力。

三、引导学生同化知识

在前面综合和应用阶段，学生对新知识进行了理解和消化，而在同化知识阶段，学生需要将知识以个人的方式同化，纳入自己的认知结构之中。同化是个人成长和转变的关键，是消除不良习惯的关键，是终极的学习目标。但要注意的是，同化领域并不能够在一堂课将要结束时完全实现，从应用知识到同化知识需要一定的时间和学生的课外努力，所以这一阶段可以延伸到课外。虽然在课堂上不能实现知识的完全同化，但教师依然可以采取恰当的教学策略帮助学生从应用知识向同化知识发展。

（一）引导学生使用思维导图总结知识

思维导图可以将零散的知识点分布在同一个框图上，使知识点之间的关系呈现得更加直观，具有鲜明的整合性特点，是一种图文并茂、生动形象的手段。学生通过使用思维导图总结知识，可以构建直观明了的知识网络结构，并从中快速识别当堂课的重要知识点以及知识点之间蕴含的联系，提高学生整合知识的效率，增强学生对知识的理解和记忆。深度学习的过程是一个由浅入深的过程，在这个过程中，教师需要重视新旧知识之间的联系。因为如果教师不能把新知识与学生已有的知识经验相结合，容易导致学生孤立地学习新知识，使学生的学习缺乏系统性。而利用思维导图可以将新旧知识联系起来，帮助学生利用思维导图理解知识，并主动地把新知识同化到自己原有的认知结构中，使新旧知识之间的联系更加牢固，从而新旧知识之间的衔接水到渠成。

（二）小组内学生互讲互评

教师可以采取学生互相讲解、互相评价的方式进行小组合作学习。互相讲解，顾名思义是指对于一道数学问题，小组内的成员集思广益，说说自己对题目的理解与解题思路。会解题并不意味着可以看到题目背后的知识本质，通过讲题不仅可以促进学生深入思考，从不同角度思考题目的外延和挖掘题目的内涵，而且也能够充分暴露学生解题时的思维误区和知识盲点，无形中加深学生对新知识的理解，培养学生的探究精神。互相评价是指在学生讲解题目之后，小组其他成员对讲解人进行评价，学生要评价其讲解的内容是否正确，对于错误的方法提供相应的原因并给讲解人提出合理的建议。另外，也要帮助学生学会证明自己的观点或想法，及时更正自己错误的观点。这样一方面学生可以看到同伴的"闪光点"，利于学生扬长避短相互提高；另一方面，当同伴的解题思路与自己的思路产生碰撞时，其中一方解题思路的不足得以暴露，学生会反思自己的解题思路，最终实现正确的解答和深刻的理解。通过小组内的互讲互评，学生对于知识的理解更加地深刻，知识在讲解的过程中逐渐内化在学生自身的认知结构中。通过评价，学生可以完善自己对新知识的理解，促进学生从应用知识的领域向同化知识领域的发展。

（三）开展数学建模等探究性活动

数学建模等探究活动是对课堂知识的补充与运用。数学建模需要学生有深厚扎实的数学基础、灵活的思维能力和较强的问题意识。在数学建模的过程中，教师通过引导学生主动查阅资料、团结合作、积极讨论来培养学生的学习欲望、自学能力，增强学生的数学素质和创新能力，并使学生主动将知识与生活实际问题相结合，运用所学知识解决问题，从而促进学生对知识的同化。

由于高中生知识面还不够广泛，也不能系统地学习一些软件，所以教师在设置数学建模等探究性问题时，难度要适中，不能超出学生的能力范围，否则会打击学生的自信心；也不能过于简单，没有挑战性，否则不能考验学生的能力。

第四节　高中数学深度学习教学模式的评价阶段

一、教师评价

在评价阶段，教师要注意的是，评价的目的不应过于注重选拔更优秀的学生，而是应该关注每个学生的学习情况，帮助学生及时查缺补漏，完善自身的不足，从而促进每一个学生的发展。另外，教师也要重视每次学习活动的评价，一次学习评价的影响看起来微不足道，但学习的变化总是在这些细微的影响中发生的。一次学习活动的评价不仅是适时的总结，还会影响着后续的学习活动，成为它们的开端与动力。评价不仅是对当前学习活动的总结与反思，更是以后学习活动的开端、向导和动力。有效的评价可以促进学生对深度学习程度的认识，提升他们深度学习的能力。

（一）评价方式多样化

传统的评价方式主要以考试为主，学生学习的好与坏以考试成绩的高低进行评判，这样的评价方式显然是片面的，不但会打击一些学生的积极性，而且容易产生高分低能的现象，因此教师的评价方式或标准应该多样化，可以关注学生课上的参与度、小组讨论情况、课堂检测的情况和作业的完成情况等，不能局限于考试这一形式。教师要做到以学生为本，尊重全体学生，关注每个学生的发展。此外，一节课结束后，教师的评价不仅要检测学生对本节课知识的习得情况，也要了解学生对数学思想方法的掌握情况。另外，教师可在课前通过预评估、平时观察或沟通确定学生的学习水平，学习程度好的学生和学习程度一般的学生学习新知识的基础水平是不同的，因此教师不能在评价时一刀切，要针对学生的具体情况进行评价。

（二）注重形成性评价

教师应注重形成性评价，评价不应该只在课后，也应该成为学习过程的一部分。在教学过程中，教师应采取一定的过程性评价方式，比如提问和练习题等方式，能够快捷地反映学生对当前学习的理解或掌握情况。如果评价反映学生对知识的理解程度不错，可以使学生认识到自己的付出与努力没有白费，这种积极的肯定可以激励学生更好地学习；如果评价反映学生对知识的理解出现障碍，教师也不必恐慌，而要变不利为有利，将学生出现的错误作为教学的反例，帮助学生排除错误信息的干扰，更好地理解知识。总之，教师要善于关注学生在学习过程中的表现，引导学生的学习方向，促进学生深度学习。

（三）注重教学反思

教学反思是教师对自己教学实践活动的再思考和再认识，它体现为两点，一是教师在完成教学实践活动之后，需要抛开自己的感性认识，用更加理性的眼光看待自己的教学行为，保留好的部分，改进差的部分；二是指教师在完成教学实践活动后，需要进行思考和再认识，如果一些理论在实践中出现"水土不服"的状况，教师需要及时更新教学观念，并尝试寻找更加适合的理论作为依据。一堂课结束后，教师要反思的内容有很多。教师要反思自己制作的教学设计是否充分，设计的教学目标是否合适，安排的教学内容和教学活动是否利于学生接受，也要反思教学生成过程是否合理，学生在课堂中是否积极参与，课堂教学是否达到了预期的教学效果，学生在三维目标方面是否产生了预期的变化，最终使学生实现深度学习。

二、学生自评

（一）学生自我评价是促进深度学习的有效途径

如果学生在自我反思与评价方面存在问题，是不利于深度学习的，相反，当学生能够更好地认识自己，能够充分评价自己的学习情况时，他才更可能在学习过程中占据主动。自我调节学习可以分为计划、行为或意志控制和自我反思三个阶段。自我反思是自主学习的最后一个阶段，而自我评价是自我反思中的重要组成部分。学生在自我评价时，可以根据自己对数学概念或定理的理解程度、小组讨论活动的参与度和应用知识解决问题的效率等方面，判断自己是否达到了本节课学习目标的要求。如果学生达到学习目标的要求，会提升学生的自我效能感；如果学生未能达到目标的要求，教师应引导学生发现自己存在的问题与不足，及时调整学习的方法，促进深度学习。

（二）学生自我评价能够帮助教师全面了解学生

虽然教师可以利用提问，布置练习题和作业等手段了解学生对于知识的掌握程度，但还是会存在学生会做题但不理解知识、知道概念但领会的程度不够等现象，这种现象不太容易外显，这时学生的自我评价就能发挥出它的价值，能够充分反映出学生在学习过程中的内部发展情况，可以使教师获取更多的反馈，全面了解学生的学习状况，从而更好地进行教学活动，促进学生深度学习。

第五章　基于深度学习的高中数学教学策略

第一节　指向深层内涵的课程解析策略

　　教学第一阶段是课程解析阶段，是指教师对数学课程的整体分析阶段。为了达到学生深度学习的目的，在课程解析时，教师应该从数学的本质以及教材去挖掘数学的深层内涵，为学生深度学习奠定基础。

　　数学知识具有严格的逻辑性和知识关联性，要落实深度学习，就需要挖掘数学的深层内涵：一是数学的知识背景；二是数学的思想方法；三是数学的学习价值。教师只有挖掘出蕴含在知识背后的深层内涵，才可以更好地向学生传授数学知识，加深他们对数学的理解。

一、理解数学的本质

　　数学深度学习由三个维度构成：一是知识面的宽度，二是知识本质的深度，三是数学思想的高度。数学学习的过程不应仅仅是深度一个方向线性的变化过程，而应是三维立体的学习过程，这样才能真正落实好深度学习。

　　人民教育出版社中学数学室主任章建跃曾提出三个理解："理解数学、理解学生、理解教学"，作为一名数学教师，首先要理解数学，要完成自身对数学知识本质的深层次理解，才能实现让学生在学习中加强对数学知识的理解。理解数学的本质，一是要把握数学知识的背景，二是要重视逻辑发展的连贯性，三是要理解知识背后反映的思想方法。

（一）了解数学知识的背景

数学学科是一门具有历史发展性的学科，可以从历史的角度去看待数学知识，每个知识的更新过程都揭示了数学的变革的创新之处和进步之处。

在第二届国际数学教育大会上，成立了数学史与数学教育关系国际研究小组。数学教学与数学史的发展有着密切的联系，"以史为鉴可以知兴替"，数学发展的历史探索中，蕴含着知识本身存在的局限性以及创新性，但随着数学研究者的不断探索中，数学知识顺应着其内在逻辑不断地进行扩展，形成新的概念、定理、推论等。深度学习注重挖掘知识的本质，探究数学的发展史可以让学生在高中数学教学过程中找到数学知识的"根源"，认识到学习数学的价值。

数学教育和数学史是分不开的，一是教师要分析每个知识的来龙去脉，抓住知识的本质，并帮助学生理清已拥有的知识体系，去揣摩学生的接受度；二是教师可以带领学生感受数学前辈巧妙的发现和算法，使学生体会数学和理性思维的魅力，增强学生对数学文化的喜爱；三是教师在研究数学史的过程中可以体会数学思维的升级过程，有利于教师对课程的深层次理解。

在课程分析中，教师应了解数学知识的历史，找出能使学生感受到知识和认知发展中的困惑与冲突的关键点，使学生从中得到一些感受和反思，从而帮助学生感悟数学史，缩短与数学的距离，加深对概念本质的理解，提高创造性思维能力，从历史维度、认知维度和思想维度进行综合考虑。

例如，高中的《导数的几何意义》一课中，学生难以理解切线无限逼近的含义，教师就可以运用数学史中切线的发展来引领学生感受切线从静态到动态的发展过程，挖掘其微积分的背景。我国数学史中著名的割圆术可以很好地诠释"以直代曲"的数学思想，古文的描述非常准确，配以几何画板的多方位展示，可以让学生深刻体会"以直代曲"的数学思想。在此基础上，教师可以放大椭圆的一部分，使学生感受曲线的切线无限逼近的意义，潜移默化，形成以直代曲的思想。

（二）尊重数学知识逻辑发展的连贯性

教师应该关注本节要讲的数学知识与其他数学知识间存在的逻辑关系。例如，数系的扩充是中学知识中体现逻辑性的代表，它使得在原来规律内成立的规律在更大范围内依然成立。从小学阶段的自然数到初中阶段的正数与负数、有理数与无理数，再到高中阶段的复数，就可以看出数学是在不断进行完善与创新的。所以说，理解数学的本质就是要把教学内容看作一个整体，使学生有连续的学习体验。

（三）感悟具体数学知识技能所蕴含的思想方法

数学思想蕴含在数学解决问题的过程中，需要经过不断地积累，才能得出数学的学习规律。数学课堂要想揭示数学知识背后蕴含的思想方法，可以从高站位来看待数学知识，即"高观点"。

何为"高观点"？德国数学家菲利克斯·克莱因提出的"高观点"是指用高等数学的知识与方法来指导初等数学的教学。高等数学的知识结构和逻辑性更为深厚，教师可以从高等数学中体会知识背后所蕴含的数学思想。站在一定高度审视数学教学，更容易把握数学的本质，从而将抽象、晦涩的知识变得简单易懂，有利于引导学生提升思想上的高度。深度学习的过程贴近知识自然发生的过程，在高观点的指导下，教师可以提升思维高度，深层次理解知识本质。

高中数学中有很多课题是来源于高等数学的。例如，不等式的证明可以用微分中值定理和柯西不等式来研究；幂函数以及函数的凸性来源于数学分析中的函数凹凸性；还有二项式定理是数学分析中麦克劳林公式展开式的基础；导数一章用到了积分的原理等。

教师可以偶尔给学生渗透相关联的数学思想和数学方法，一方面，虽说中学教学没有像对高等数学那样高标准的严格要求，但也可以通过其理念开阔学生的眼界，引起其对学习数学的兴趣；另一方面，高中数学内容对于高中生而言较为抽象，从"高观点"出发，可提高学生的认识高度，使学生深刻理解知识内涵。但要注意，教师可以高站位地看待教学，但落实到教学环节时要由浅入深，将认知水平较低的部分作为引入，逐步深入探寻知识深层内涵。

克莱因在其著作《高观点下的初等数学》中提出，当观点变得越高时，事物就越显得简单。很多抽象晦涩难懂的概念和定理，之所以学生无法理解，是因为教师所给出的数学背景不足以解决学生需要考虑的问题，比如在实数域中对数函数的理解就比较浅显，而从复数域中就更易看清其本质。这时需要教师不断学习高等数学理论，为学生灵活地提供"高观点"下的数学课堂，让数学学习自然发生。

二、整体解读数学教材

数学整体观是从数学学科的整体结构、核心内容和重要思想上把握教学内容的观念。数学学科本身就是一个整体，所有的知识、思想和方法都有关联性，从整体上读数学教材，构建整体的数学体系，更有利于发挥数学教学的价值。整体地去读数学教材可以从数学发展的逻辑性、思想方法的可迁移性和数学结构的统一性来进行把握。

（一）尊重数学发展的逻辑性

教材里数学内容的设计具有循序渐进性，例如，由实数到复数，由平面图形到曲线方程，所有的数学教学内容的推进都具有逻辑性，教师要把控好数学逻辑的连贯性，了解学生的认知发展规律。

（二）重视思想方法的可迁移性

教师要通过整体把控教材了解学生之前已经掌握的数学思想、方法，在备课时进行设计，将方法进行迁移，或是对固定的思想方法进行升级和突破。

（三）对单元教学的整体把握

数学深度学习特征之一是数学体系的构建，也就是进行单元教学的整体把握。教材具有完整性、先进性、适应性、可接受性和简洁性五大特点。数学教学用的必修课本和选修课本内容是循序渐进的，有如函数、圆锥曲线、向量、数列、空间几何、概率与统计等模块的划分。这就要求教师在读教材时有整体观、体系观、迁移观，从全局来把握教材，注重知识间的迁移。任何知识都不是自成一派的，它都来源于一个体系，深刻认识一节课在整个模块中的地位是读好教材的第一步。

首先，备课时要明确知识结构的整体性，进行从知识点到知识链再到知识面的扩展，形成知识的网络。教师要做到心中有数，从宏观的角度出发，看重单元教学的必要性，从模块或是章节系统看待教学内容，循序渐进地进行教学步骤的设计，保持连贯性并了解系统中每个基本单元间的联系，处理好整体和部分的关系。数学学科知识有着很强的关联性，教师应在关注原有教学单元的认知水平的基础上，根据教材合理地调整好自己的教学顺序，使学生稳定地掌握住知识，充实知识结构。

其次，要明确核心知识。认知心理学家安德森于 1976 年在其著作《语言、记忆与认知》中将个体的知识分为陈述性知识、程序性知识两大类。在数学学习中，陈述性知识指的是概念、符号、图形与定理，程序性知识指的是定理的推导、概念的抽象。深度学习强调的是高阶思维的培养，由于知识类型的不同，要选择不同的教学方法，才能灵活地引导学生的思维发展。例如，在学指数函数后再学对数函数，相关的函数性质可以让学生通过类比得到；而正余弦定理的推导就属于程序性知识，给学生展现的是数学推理的严谨性。分清一节课中的知识类型，更有助于学生理解数学知识。

突出核心内容，就要厘清高中数学的核心概念、一般概念和具体概念。核心概念处在学科的核心位置，它使每个概念不再孤立存在，相互有着密切的联系。根据概念层级的划分和核心概念的延伸，就有了一般概念和具体概念。数学核心概念是基于数学事实和数学发展概括而来的，它对数学发展有持续性的影响，可以揭露数学的本质，提升学生的思维发展，使得数学教学呈现"准、精、简"的特点。在此以复数为例对数学核心概念进行的说明（如表 5-1 所示）。

表 5-1　复数的概念

主题	核心概念	一般概念	具体概念
几何与代数	数系	复数	复数的代数表示、几何意义 复数的运算 复数的三角表示

最后，要注意教材细节。教材是教师和学生的学习工具，如何高效地运用好这门工具是一个教师应该思考的。教材的编写是经过诸多专家仔细揣摩和严谨推敲而得的，每一个章头语、课前引入的实例、注释，都隐含着它的用意。

很多教师往往只看教材中的知识脉络，而忽视了这些，这些细节或许就是学生容易产生怀疑的地方。

　　总之，从整体观来把控数学教学，就要从宏观上对教材的教学脉络、教学理念进行掌控，再从微观上注意教学的细节，设计合乎学生认知发展、具有教学价值的课程，提升学生的思维高度。

第二节　指向认知发展的学生评估策略

　　教学第二阶段是学生评估阶段，是指课前教师对学生数学学习现状及学习效果的预设评估阶段。教师是学生学习的帮助者、指导者，只有学生成功自我建构，理清知识脉络，将所学转化为个人能力时才能达到深度学习的目的。因此，准备一堂课时不可忽略掉关注学生认知发展的预设评估。高中数学教学的预设评估应分为两部分，一是对学生认知的分析，二是对学生学习效果的预评估。

一、分析学生认知起点

（一）分析学生认知起点的策略

　　澳大利亚教育心理学家约翰·比格斯是一名深度学习的研究者，他曾提出了 3P（Presage—Process—Product）学习模型，即预测—过程—结果学习模型。在该学习模型中，影响学生学习发展的个人因素有学生先前的知识、能力、智力、个性和家庭背景五个方面；影响学生学习发展情境因素有学生在学习前所经历的外部因素和学习环境。基于约翰·比格斯的理解，数学认知就是指学生对于所接收到的数学知识、数学经验等进行判断、储存、提取和使用的一系列信息加工过程，是对数学客观事实的一种认识活动。

　　具体来说，分析学生数学认知程度，就要了解学生数学认知起点，即已有的数学知识架构和自然生活经验。例如，学生初中学习过函数的概念，高中需要将映射这一理念教给学生，这两个概念之间的过渡与完善，就需要教师好好斟酌。教师要想充分利用数学认知起点来达到深度学习的目标，就要完成下面几个步骤。

　　第一步，了解高中生认知发展规律。高中生在学习过程中从无意记忆、机械记忆向有意记忆、理解记忆发展，认知结构在不断地完善。数学的认知水平是指学生通过对外显性经验和感知，将接收的知识转化为自己可消化的知识的水平。高中生的数学认知基础来自初中及之前原有的数学经验，在高中学习中，学生的认知较为稳定，可以将注意力放在烦琐的数学知识中去，且认知比较全面，乐于评论别人的意见和发表自己的见解。高中生已具有较为良好的自我认知，可以客观地看待自己的数学水平，发现自身的不足，进行自我调节。

　　第二步，立足学生，了解认知起点。数学的教学必须重视学生的认知起点，这是深度学习的基石，也是教学的基石。教师可以通过学生课前小测分析学生的认知水平，如可以进行几个水平小测试或是让学生尝试着画一些维恩图将自己所具有的认知结构展示给教师，教师在此基础上进行知识迁移或者知识建构的巧妙设计。

　　第三步，对班里学生程度分布进行分析。最近发展区和"支架式教学"都立足于所有学生的共同发展，每个班里学生的层次参差不齐，教师要想让每个学生都在数学课堂中有好的体验，就得学会让学生发挥其主观能动性。比如，教师可以设置学生感兴趣、有挑战的主题，让其感受认知的不平衡，激发学生的学习兴趣。

　　学生在学习新的知识时，若知识过于简单，则无法很好地激发学生的学习动机；若难度适中，则学生的学习动机与学习效果成正比；若知识过难，与学生具备的认知水平间差异过大，会影响学生的学习动机，学生容易因为无法获得良好的数学体验和挫败感而放弃理解知识，这时学习效果也会变差。教师应在前期对班里学生个性、能力水平分布等其他因素进行掌握，设计课程时不仅要注重学习程度好些的学生的学习体验，也要兼顾思维缓慢的学生的学习体验，进行教学平衡，使教学难度适中。

　　第四步，关注学生在课堂中的疑惑点、兴趣点和生成点。教师要角色互换地站在学生的角度去重新审视知识内容，思考学生在哪些地方容易产生疑问。这也是批判性学习的关键点，教师要提前预设如何处理学生的疑惑之处，使学生自然生成对新知的接纳。深度学习追求通过循循诱导激发学生产生兴趣，自觉参与到问题的探究中，也就是要关注学生的情感体验，使知识变得立体和生动。

（二）分析学生认知起点的课例

笔者以"函数"的教学片段为例，分析学生的认知起点。

1. 函数的概念

回顾：初中时学习的函数定义。

思考：$y=x$，$y=\dfrac{x^2}{x}$ 是同一个函数吗？

设计意图：作为高中必修一的第一章，让学生产生初高中认知的联系，并给出一个用初中函数定义无法解决的问题，激发学生的兴趣去探究新的函数定义。

2. 函数的单调性

引例：画出并观察下列三个函数的图像，说出其图像变化趋势。

$y=2x$，$y=-2x$，$y=x^3$

设计意图：利用数形结合的数学思想，让学生更加直观地体会增减性。教师可以结合初中关于一次函数 $y=kx+b$（k，b 为常数，且 $k \neq 0$）的性质：① 当 $k>0$ 时，y 的值随 x 的值增大而增大；② 当 $k<0$ 时，y 的值随 x 的值增大而减小；③ 一元二次函数的图像的变化趋势，有效地进行知识的传递。

二、预测学生的学习效果

要对学生学习效果进行预评估，就要注重对教学目标的设计。《普通高中数学课程标准》中对课程目标的要求是：通过高中数学课程的学习，学生能获得进一步学习以及未来发展所必需的数学基础知识、基本技能、基本思想、基本活动经验（简称"四基"）；提高从数学角度发现和提出问题的能力、分析和解决问题的能力（简称"四能"）。教学目标的设计应基于"四基四能"来落实数学活动，教师要真实思考为什么而教，唯有发挥教师的主观能动性，才能使教学目标真实落地。

（一）预设课程的知识内容

《普通高中数学课程标准》是给教学者的一个规范性参考，每位教师的课堂都有着自己的独特学情，教师可以围绕《普通高中数学课程标准》对预设课程的知识内容进行适当的调适，但不可偏离《普通高中数学课程标准》中对课程的具体要求，仔细揣摩"了解、知道、理解、会用、能够掌握"等词代表的内涵。教师要合情合理地设计适量的教学内容与目的，避免密度过大、不切实际，课时内容把握不恰当。教师要思考一节课后学生要了解哪些数学内容，要会解决怎样的数学问题和必须理解哪些数学概念或定理，甚至教师可以在一节课前告知学生本节课的教学目标，告诉学生结束本节课的学习后，他们可以理解和解决哪些问题，充分给予学生学习的动力和自信，激发学生的内在学习动机，实现深度学习。

（二）预设课程的过程

教师应着重分析知识形成的过程，对学生的反应做出合理的分析，预设课堂每个环节学生会经历怎样的数学活动和思考，并通过多种形式的教学方法让学生掌握好如等价、类比、归纳等数学思想和方法。教师预设课程过程可以使课堂更加地发挥自如，也使学生顺利完成所要完成的教学目标。

（三）预设学生的学习体验

数学深度教学特征之一就是学生的高参与感，教师要通过传授数学知识让学生热爱数学，体会数学的魅力与价值，增强对数学的求知欲和自信心。在预设的过程中，教师要根据教学内容和教学课时对开放式教学和传授式教学进行有效的合理设计，促进学生形成积极的学习态度。

第三节 指向深度学习的理解性学习策略

教学第三阶段是理解性学习阶段，是指课堂上发生的对数学深层次理解的学生学习阶段。深度学习的核心目标是高阶思维，而深度学习的核心特征是深层次理解。数学理解性学习是指学生可以通过数学学习，最终认清数学知识的本质的学习过程。建构主义认为，数学理解是学生在已有数学知识、数学思想、数学素养等基础上正确建立新的数学知识的心理表征，以及正确构建数学知识网络的思维过程，本质就是数学知识的结构化、网络化和丰富化。数学的理解性学习由低到高具有两层含义：一是对数学基础知识、方法的简单掌握，并进行知识间的迁移和联系，会用数学方法解决数学问题；二是学生可以掌握数学技能，形成高阶数学思维，可以通过数学来解释生活中的现象，形成终身发展的数学素养。为了落实数学的理解性学习，在数学课堂的实践过程中应完成下面五个环节。

一、以问题导学为载体的任务驱动

深度学习路线中第三步是营造积极的学习文化。要想使学生积极参与课堂，就要将数学任务和问题相结合，使学生快速地融入数学课堂。任务驱动是指将教学内容隐藏在数学任务中，以问题作为载体，使学生从中获取知识的过程。合情合理的"任务驱动，问题导学"有利于发挥学生学习数学的主观能动性，提高教学的效率。

数学任务是指围绕数学教学内容而组织实施的课堂教学活动，是教师派发给学生的教学指令。好的数学任务应具有非常规性、情境性、开放性、引导性、合作性、自主探究性、创新性等特征。数学任务不仅需要高层次的任务，也需要重复性的任务，两种数学任务的设置要合理。在教学中，数学任务的应用要注意如下内容。

（一）情境与问题设置的合理性

高中学段的教学要考虑到高中生认知水平相较于初中生的提高，所以教师的情境设置要更贴切、更具有真实性，才能吸引学生的注意力。教师可以将抽象的概念落实到具体的任务里，让学生利用学习过的知识点去分解任务，理清解决问题的思路，自然形成对数学知识的理解。同时，教师还要注重问题和任务的明确性，情境设置要简单清晰，阅读材料字数不要过多，否则会带给学生不良的课堂体验，不利于知识的引入。另外，教师问题的设计要深入浅出，有难度层级上的变化，若是都太简单，则学生没有思考的阻碍，不会激发学习兴趣；若难度等级太大，学生没有"抓手"，无从下手，也会打击其学习积极性。数学任务的设置也不必指向性过强，解决方案要具有多样性，能为学生提供发展思维的空间。

（二）合理定位师生的课堂角色

任务布置下去，教师应给予学生充足的思考和发展空间，指令和提示性语言不要过多，否则会干预学生思维的形成。数学教学是过程性的教学，学生解决问题的过程就是在探索新知的过程。教师要让学生充分展示自己的思维成果，学生之间的交流辩论与互相学习比教师的单一传授更能激发学生学习的内驱力。

任务驱动往往是以问题导学作为载体。问题导学是指教师以数学问题作为教学工具，通过分析所提出的数学问题，对学生进行启发，引起学生对解决数学问题的兴趣的一种教学策略和工具。问题导学是促进课程内容相衔接的桥梁，也是对课程内容的数学背景的一种变相介绍。

教师在对数学问题进行提问时也需要技巧：如问题要简短明确，具有刺激性和新鲜感。数学问题最忌讳绕来绕去，学生跟不上教师的节奏就会失去分析问题的兴趣，容易思绪混乱。教师提问时要有一定的目的性，要明确、适度、有层次，激发学生解决问题的欲望。问题的提出最终是为了学生高阶思维的发展，所以教师可以借鉴笔者根据艾莉森·罗斯从高阶思维三方面提出的为合理定位师生课堂角色而设计的数学问题提问方式（如表5-2所示）。

表 5-2　合理定位师生课堂角色的数学问题提问方式

流程	内涵	课堂角色		数学问题
		教师角色	学生角色	
分析	学生把信息分解成部分来更好地加以理解	探索 引导 观察 评价 提问 组织 解剖	讨论 发现 辩论 思考 测验 考试 提问 计算 调查 探究 参与	（1）哪些情况可能会发生？ （2）若发生，则需要注意哪些限制？ （3）这里面蕴含了何种数学方法？ （4）与之前哪类知识相似？ （5）为何会出现这样的变化？ （6）在……背后你能看出什么？ （7）是否可以区分？ （8）当情况……变化后，随之……有何改变？ （9）问题在于？ （10）你会将它分为哪类中去？
评价	学生在深入反思、批判、评估的基础上做出决策	说明 接受 指导	判断 争论 比较 批判 质疑 辩论 评价 决定 选择 证明 参与	（1）是否还有更好的解决方案？ （2）这些方案的优缺点分别是？ （3）你会如何思考？ （4）你能做出合理的推理论证吗？ （5）你认为……带来哪些影响？ （6）遇到同类问题，你会？ （7）其中蕴含了……数学思想？ （8）……存在的必要性是？ （9）关键点在于？
创造	学生运用先前所学到的知识形成新的观点信息	促进 拓展 反思 分析 评价	设计 阐述 计划 冒险 修正 生成 建议 制作	（1）你能解决……问题吗？ （2）在……条件下，你有……结论？ （3）你会如何改进它？ （4）你能想出……的新思路？ （5）若……不存在，则有何不同？ （6）你是否可以设计？ （7）这个问题有多少种解法？

　　总之，无论是任务驱动还是问题导学，都要基于学生的认知起点去进行合理的构建。深度学习提出"学生围绕着具有挑战性的学习主题进行学习"的前提是指，要在学生的最近发展区进行教学设计。最近发展区理论由苏联著名

心理学家利维·维果茨基提出，是指教师应基于学生已有的实际认知水平设置教学需要，并使设置的教学需要略高于学生的发展水平，让学生在教学中得到认知提升。但教学需要设置的目标不要跳跃太大，要让学生在学习中体验到存在感和价值感，要使学生可以在自己探索范围内解决相应的问题，培养其探究意识。

二、以批判质疑为特征的探究教学

（一）以批判质疑为特征的探究教学策略

为了使学生深刻理解数学，就应该让学生亲身感受数学活动和思考过程。教师不是数学专家，而是学生在参与数学活动时的引导者。深度学习的眼界不局限于课本中的教学内容，而是隐藏在教材背后动态的新的数学，是属于每一个学生的数学。学生可以在课堂中去批判、质疑教师甚至是数学家的观点，在矛盾中产生认识数学世界的动力。

学生在探究的过程中尝试、犯错、提出自己的质疑，都是数学教学中的可贵之处，是学生经历发现的过程。在数学课堂中，教师可以利用以下几点进行探究教学，完成学生对数学的深刻性理解的培养。

1. 给予学生真实思考的空间

探究学习下，教师应给予学生宽松的课堂气氛，引导学生积极发言。学生的发言可能存在逻辑错误或是论证不完整，教师要为学生指明正确的方向，共同解决问题，促进学生对知识的内化，提升自我反思能力。同时，教师要学会适时地"装傻"和"示弱"。

2. 培养学生批判质疑的能力

深度学习提出"学生围绕着具有挑战性的学习主题进行学习"，所以学会质疑是数学学习中重要的能力。有的学生只一味地倾听教师和同伴的看法，不勤于思考，就会产生思维惰性；有的学生有自己的想法，却不善于表达或不敢于表达。这就需要教师平时多鼓励学生，尊重每个学生，尊重他们的发散性思维，从而建立平等民主的师生关系，使学生增加对教师的信任。

深度学习的定义中强调，要批判性地获取新知。我国著名教育家朱智贤在其与林崇德教授合著的《思维发展心理学》中提出，批判性思维应作为问题解决和创造性思维的一个组成部分，批判性思维的培养非常重要，有助于培养高中生对数学现象的分析能力、推导能力以及创新意识。但批判不是单纯地加以否定，而是在符合逻辑的框架内追求真理。

教师要培养学生的求真意识。数学逻辑严谨、合理证明，学生在遇到教师所讲授的知识和所解题目方法与自己的正确推理方式产生冲突时，是否敢于质疑，这也是教师需要考虑的。教师也要培养学生的分析能力和论证能力，学生敢于质疑是一方面，但合理的质疑就需要学生自身具有鉴定问题和提出一定解决方案的能力，因此要培养学生有条理、有思想、目的明确地去处理问题的能力。

3.积极培养学生的创新意识

不同的学生思维方式也不同，在信息快速发展的今天，学生获取知识的途径也很多，所以有的学生会提出新的独创性见解，教师要鼓励学生用创新的眼光去看待问题。

探究式教学也存在一定的困惑。高中教学内容繁多且抽象，每个课时的时间有限，探究式教学注重的是学生探究的过程，想要探究清楚一个抽象的概念或问题，并倾听学生的想法，就会难以完成原本的教学任务。同时，班级学生众多，教师也无法面面俱到地倾听每个学生的想法。针对这些问题，就需要教师在探究课的选择上少而精的内容进行探究，着重选择那些有助于学生认知层面提升的教学内容进行探究。相较于浅层学习的被动式接受教学，探究式教学更适用于深度学习知识的建构。

（二）以批判质疑为特征的探究教学课例

笔者以"直线的方程"的教学片段为例，分析批判质疑为特征的探究教学。

任务一：如何在平面直角坐标系中确定一条直线1的位置？（独立思考）

设计意图：这个任务旨在让学生回忆之前已学习过的直线的相关概念，初中学习过两点确定一条直线，以及一次函数表达式 $y=kx+b$，学生会提出与之相关的回答。

任务二：如何过一定点在平面直角坐标系中确定一条直线1的位置？（独立思考）

设计意图：学生自然而然地想到过一定点的不同直线倾斜程度不同，这个时候就是学生思维突破之处，学生需要找到一个描述倾斜程度的量，即角度。这时教师再用几何画板演示绕原点旋转的直线的变化，让学生体会角度不同会影响直线位置的变化，此时就容易使学生生成倾斜角的概念并明确其取值范围。

任务三：如何用直线的倾斜角与已知的一个定点去写出该直线表达式？写出推导过程。（合作学习）

设计意图：这个任务的设计有一些偏难，学生可调动的知识有：三角函数中任意角的定义和一次函数表达式 $y=kx+b$。教师可以交给学生去探究，鼓励学生大胆发言，最后由教师概括：一条直线倾斜角的正切值就叫作这条直线的斜率，也就是一次函数表达式中的 k，说明了 k 的几何意义。

任务四：如何用直线上两点坐标求该直线的斜率？写出推导过程。（合作学习）

设计意图：让学生探究出直线的斜率公式。在探究的过程中，通过分别向 x 轴、y 轴作垂线，帮助学生体会倾斜角和斜率之间的内在联系。

案例总结：只有学生真正参透了直线的斜率才能更好地理解直线方程的内涵。这节课的四个任务难度是根据学生的认知基础设计的，问题设计清晰易懂，而且是直接的、值得思考的数学型问题，可以引起学生探究的兴趣，也很好地发挥了探究性学习的作用。这节课为学生提供了独立思考的空间；在比较难处理的问题上，则鼓励学生进行合作学习，发挥集体的智慧，促进了学生的深度学习。

三、以有效迁移为前提的合理建构

人工神经网络对于教育学也有一定借鉴意义。人工神经网络分为前馈神经网络、反馈深度网络和双向深度网络三个部分。前馈神经网络是最基础的神经网络，每层级的神经元与前一层神经元相连，单向传递，是对输入信号进行编码的过程；反馈深度网络与前馈神经网络不同之处在于，反馈网络是以反卷积网络为代表的神经网络，通过解反卷积或学习数据集的基本概念，对输入信号进行反解、解码的过程；双向深度网络则综合了前两种的算法，实现了可见层和隐层间的交替和更新，完成了神经元间双向的传播，最终使得模型变得最优化，同时也提高了精准度。

深度学习模型是将事例、事物在进行逐层变换后得到可视化的特征的过程。高中数学教学可以借鉴人工神经网络在深度学习的应用理论，形成以有效迁移为前提的合理建构。前馈神经网络相当于学生迁移学习的过程，迁移就是指"一种学习对另一种学习的影响"。迁移在高中数学教学中有经验迁移、情境迁移和类比迁移三种形式。运用这三种迁移方式，可以得出下列教学策略：

第一类是经验迁移。此处的经验既包括生活经验也包括学习经验。学生在学习时会存在一定的思维惯性，受到先验性知识和对于生活体验感知的影响，自然而然地产生思想的倾向性，教师可以巧妙运用学生已有的经验进行引导，使学生的学习不再停留于表层。

第二类是情境迁移。学生对于高中数学知识的学习有时兴趣不高，无法走进数学知识中去。这时教师就应该设计与本节课内容相关的学习情境，寻找合适的教学素材，展示知识的多样性和丰富性，给予学生学习兴趣和记忆点，这样不仅可以激发学生的求知欲望，很好地开发学生的发散性思维，也能提高学生对知识的理解程度，完成学生对知识的迁移。

第三类是类比迁移。包括知识类比、方法类比和思想类比。类比是迁移中重要的学习方式。首先是知识类比。美国心理学家桑代克的共同元素说指出，使学生迁移的前提是新的知识、情境或是学习经验与旧的知识、情境或是学习经验间有着共同的特征或是相似的要素。教师在知识类比时，要选择两类具有共同点的知识进行类比，例如，指数函数与对数函数、正弦函数与余弦函数、椭圆与双曲线等。所要研究的问题的共同点越多，就越有利于迁移的形成。其次是方法类比。数学教学离不开数学习题的锻炼，教师应该在平时的教学和课下辅导中提高学生的数学方法的概括能力，发现不同数学活动中的共同数学方法的运用，培养学生深入挖掘共性的思考习惯，加深学生对知识的理解，有助于学生后续的数学学习。最后是思想类比。数学思想包括数形结合、分类讨论、化归等，教师在教学中应该灵活地穿插这些数学思想，并和学生清楚地说明这些重要数学思想的价值，让学生在学习中对数学思想进行正迁移，潜移默化，形成用这些数学思想解决问题的习惯。

和前馈神经网络类似，学生的认知程度随着知识的深入和新的渗透会迁移到下一个层级中，教师要巩固好学生对每个层级的认知。学生在学习过程中要加工大量新知，但可以处理的信息是有限的，所以教师在课程内容的选择上要适当。

扎实的数学认知结构可以使学生在新的迁移中很好地调动之前的记忆，促进正迁移的形成，优化学习效果的。若学生逻辑清晰，学习心态稳定，则可以更好地推动后面的数学学习。

学生学习高中数学知识的过程和人脑神经网络的迭代过程类似。神经元就好比数学知识和数学经验，深度学习模型就好比高中生建构数学体系的过程。学生从教师那里获取知识，将具体的知识以信息的形式记录下来并扩充到相应模块中；再通过自己的解码过程，自主地去深度理解知识本质，揣摩其抽象内涵，进行反向分析，将具体的知识转化为自己理解和分析数学问题的能力，丰富该模块的内容；并在不断学习的过程中调用之前已有的数学学习经验和理论将各个模块间的知识进行关联。这就完成了零散的知识点在学习过程中"点—线—网"的更新升级。

数学学习的建构过程是一个积累扩充的过程，是由浅入深学会深度学习的过程。第一阶段，学生通过解码教师传授的基本知识，形成对数学事实和数学经验的认识，例如，"两点之间线段最短"这类数学事实和数学经验，都是学生认识数学世界的根基。第二阶段，在很多个数学事实和经验的累积下，学生作为有思想的学习个体，会产生对数学内容的基本看法，也会产生自己的质疑和想法。学生会对知识进行自我的编码，并在教师和同学的影响下对编码的内容进行合理修正，这代表着学生已经走进数学世界，并在其中扮演着一定的角色。第三阶段，学生已经会通过认知水平的提升和教师的影响形成数学素养，即对数学问题、数学活动形成一定的掌控力和解决能力，试着去形成更高效的数学学习方案，开始尝试着去影响数学世界。第四阶段，就是数学知识的建构过程，随着数学知识的不断学习，学生会不断更新自己的数学事实、经验以及认知水平，进而养成新的数学素养。也就是学生的知识层级在不断地进行扩充建构，最终达成数学深度学习，即在整个建构过程后，学生会用数学的思维看待世界，也会用良好的数学观去解决问题，使数学对学生自己产生终身受益的影响。

在高中数学教学中，教师要尊重学生的主体地位，去设计与知识相匹配的数学教学活动，给予学生独立的建构空间，教师以指导为主，为学生提供学习支架、学习模式或是问题情境，培养学生的主观能动性，提升学生自主分析、评价和创造知识和问题的能力，为学生形成高阶思维奠定基础。

四、以明晰本质为目标的变式拓展

人民教育出版社中学数学室主任章建跃曾指出，所谓变式是指变换对象的非本质属性，突出其隐含的本质要素。数学思维的形成既是静态的活动也是动态的活动，是在变化中寻求不变的本质的活动。教师通过一些条件和问法的改变让学生看清藏在问题背后的内涵，是深度学习的一种有效策略。

华东师大数学科学学院荣誉教授顾泠沅提出了概念性变式与过程性变式两种形式，为教师使用变式策略进行数学教学提供了理论借鉴。概念性变式是在已知的经验或是对象间进行对比和扩充，从而使学生对知识产生多层次理解；过程性变式是指在有层次地进行逻辑铺垫后，循序渐进地让学生产生对知识的理解并形成数学经验。无论是概念性变式还是过程性变式，教师都应培养学生"以不变应万变"的能力，在变式中启发学生发现学习数学知识技巧或是运用数学方法的规律，提高学习的有效性。

（一）对数学概念进行变式

数学概念是学习数学的基础，在此问题上进行数字形式的变化、字母的提炼、实际问题的应用等，可让学生在内容维度上进行从具体到抽象、从特殊到一般、从微观到宏观的知识变化，使学生体会从浅层次理解到深层次挖掘的学习过程。概念的变式通常是通过让学生进行一系列的问题思考来剖析概念本质的，教师应引导学生参与概念发生的过程，通过多方位、深层次的数学问题情境让学生准确理解数学概念。

（二）对数学命题进行变式

两两命题之间可能存在着充分必要、充分不必要、必要不充分等关系，教师可以利用两个命题之间的关系进行变式，并让学生分析为何能推导、为何不能推导，在理解的过程中对定理或命题进行深刻的剖析。例如，若一个数为负数，则它的平方为正数；那若一个数的平方为负数，则这个数是什么数？教师在命题的基础上进行变式，自然而然地引出复数概念，便于学生理解。

（三）对数学习题进行变式

习题是检验学生学习数学效果的一个直观途径，并且通过解决数学问题，学生可以真正理解所学的知识，促进能力的发展，把握其规律性。数学家波利亚曾提出，解题不应形式化，而是要让学生有目的地进行思考。习题的变式分为一题多变、一题多解、多题共解三部分。

1. 一题多变

一题多变是指在原有的最基础的知识理解型题目上，对已知条件、所求结论、解题过程中的障碍进行丰富和改变。例如，加入新的问题背景，考查学生从问题中提炼数学语言的能力；或加入新的知识角度，将问题综合化，考验学生知识间的关联能力。由一个问题进行多个角度的变换，使得不同思维水平的学生都能得到有效的锻炼；可以拓展学生的思维方式，使学生在厘清一道题的本质过程中厘清一类知识间的关联，推动学生的认知发展，也有助于学生知识体系的建构。

2. 一题多解

一题多解重在提高学生数学学习的参与性，深度学习提倡学生的高参与，全身心地将自己投入数学活动中。学生间有着差异性，每名学生看待问题的角度和特征都不同，有的学生习惯由条件顺向推出结论，有的学生习惯由结论去找条件。每一种解题方案背后都有着学生的思维方式，教师应该尊重学生的思维习惯，引导学生发散性地思考问题，用不同的论证来解决同一个问题。并且，教师应在课堂上鼓励学生提出多种解决方法，互相交流，通过同伴间的影响，扩展思路，培养学生多层次解决问题的能力，并使学生在不同角度下发现设置的条件与结论之间存在的内在联系。

3. 多题共解

多题共解是指通过对同一种解题方法的题目的大量训练，使学生有效地巩固一种数学解题方法。该方式重在引导学生对不同知识同种数学方法的题目进行分析、比较，使学生感知信息间的关联性，进行数学规律的总结。

经过任务驱动、探究学习、合理建构、变式拓展这几个高中数学教学策略后，学生的高阶思维基本形成。深度学习的课堂上从注重教学内容转变为注重教学过程，从学生对知识的浅层理解转变为学生对知识的深层次理解。高阶思维是现代人才应具备的品质，突出培养学生的这类品质，有利于增强学生遇到问题时分析问题、判断是非、独立学习、冷静思考的能力，为学生未来实现个人价值、融入社会、适应新时代做好准备。

第四节　指向高阶思维的学习反思策略

教学第四阶段是学习反思阶段，是指学生在对数学知识进行量的积累后，进行学习反思以达到质的升华的阶段。高中生的数学思维，是指学生在对高中数学感性认识的基础上，运用比较、分析、综合、归纳、演绎等思维的基本方法，理解并掌握高中数学内容，而且能对具体的数学问题进行推论与判断，从而获得探究高中数学知识本质和规律的能力。

数学深度学习旨在培养有利于学生终身发展的高阶思维习惯。思维的培养要基于学生自觉的思考，即教师要在平时的数学课堂、数学辅导中培养学生的反思能力。只有学生主动地去思考数学的问题以及自己存在的困惑，才能培养学生良好的思维审视性、思维敏捷性、思维创造性和思维深刻性。

一、培养数学反思能力

（一）培养数学反思能力的策略

很多学生在刚上完一节课之后觉得自己对数学知识都理解了，经过一段时间，感觉自己疑惑的点还是很多。这是因为缺少反思的学习是浅层学习，浅层学习的学生忽略了自主的深度思考，忽视了审视自己的知识储备量。

反思能力的培养主要采用元认知学习策略。元认知理论中有一个要素是元认知监控，即学生在学习过程中或是学习活动结束后，自发地对自身的认知结构进行积极的控制、调节的过程，也就是自我反思。

1.利用多种形式促进学生的反思

反思能力与学生的主动性密切相关,其培养是一个循序渐进的长期过程。首先,教师要教会学生如何进行数学反思,从哪些方面进行反思。随后让学生初步了解反思的模式,养成思考的习惯,学会将外部反馈转化为内部吸收。在此基础上,教师可在课后采用知识整理本和错题整理本的形式,让学生形成自我反思的能力,对每日的数学学习进行再认知,在日积月累的过程中逐步构建数学的知识体系并扩充新的数学方法,从而使学生对数学的认识水平、应用水平和创新水平有所提高。

反思是数学活动的核心力量,教师要时刻培养学生的反思能力,教会学生如何进行有效的反思,每节课后要让学生进行自我判断、自我审视,引导学生从如表 5-3 所示的几个问题来回顾一节课所学的内容,让学生养成反思的习惯。

表 5-3　课后学生的自我反思问题

自我判断	（1）今天我理解了什么知识？ （2）今天的学习和之前的知识有何联系？ （3）自我判断对我的数学能力有何提升？ （4）我存在什么困惑？ （5）是否可以自己解决？

反思也是一种自我批判,如数学习题整理本,很多学生并不理解教师留下这方面作业的重要性,应付性地将错题和答案誊抄到本上,不进行自我总结和思考,这样会影响学生认知水平的提升,使学生没有获得实质性的学习进展。学生不仅要整理反思错题,也要整理具有共同解题方法和思路的核心题目,从中发现规律。所以教师应该向学生点明这类整理本和反思纸的用途,让学生切实地去分析学习困惑,并持之以恒地进行反思,积累学习经验,磨炼学习毅力,为后面的学习奠定基础。教师可以为学生提供整理习题的反思模型,具体内容如表 5-4 所示。

表 5-4　解题后学生的自我反思问题

自我监控	（1）我做题时遇到的障碍在哪儿？ （2）此题是否还有更简便的解法？ （3）教师是从哪个角度解决这个问题的？ （4）解题思路是怎么得到的？ （5）我再遇到类似的题或者变式题是否能解决？ （6）这些题具有什么共性？

2. 教师要做到"授人以渔"

教师在数学教学中要学会"难得糊涂"，给学生自己思考的空间，经过深层次思考的内容才是学生习得的知识。知识的难点、抽象的概念以及高阶的数学思维都不是靠教师教导出来的，而是学生在自我领悟过程中获取的。经过持续不断的反思，学生会形成自己成熟的数学经验，也会发现自身存在的不足，总结经验教训；学生会有意识地收集多种数学方法来充实自己的解题经验，并在与同伴和教师的交流中不断调整自己的学习策略，灵活使用浅层学习法和深度学习法；学生会在完成学习目标的过程中找到自己的学习存在感，增强学习数学的自信心，激发学习潜能。教师不仅要培养学生的反思能力，更要注重培养学生调节自己学习方法的能力。教师在学生请教问题时，更多的是授人以渔，而不是授人以鱼。教师要针对学生的不同个性和知识水平给出合理建议，教导学生如何针对自己的学习困惑制订学习调整策略，由浅入深，逐步引导学生形成自主调节学习的能力。

（二）培养数学反思能力的课例

笔者以"排列组合"的教学片段为例，分析培养数学反思能力的课例。

例如，在排列组合中有这样的一个题目：教师要将五本不同的书全部分给四名学生，并保证每个人至少有一本书，问有多少种不同的分法。

学生错解：先从这五本书中选出四本书，有 C_5^4 种分配情况；再给到四个人，有 A_4^4 种分类方法，再将剩余的一本书分给任意一名学生，最后结果是 $C_5^4 \cdot A_4^4 \cdot 4 = 480$ 种不同的分法。

题目正解：

方法一：先从五本书中，将两本书捆绑在一起，形成四组书，有 C_5^2 种分类方法；再将这四组书随机分给四个学生，有 A_4^4 种分类方法，最后结果是 $C_5^2 \cdot A_4^4 = 240$ 种不同的分法。

方法二：先从四个学生中随机选出一个学生，有 C_4^1 种分类方法；再给他从五本书中选出两本书，保证每个人至少有一本书，此时有 C_5^2 种分类方法；剩下的三个人再分剩下的三本书就可以了，最后结果是 $C_4^1 \cdot C_5^2 \cdot A_3^3 = 240$ 种不同的分法。

学生反思：

错因：拥有两本书的学生先拥有哪本书是不用考虑顺序的，所以在求解时重复算了一次。

原因：自身思考不够严密，没有辨别出重复的内容，将无序的问题进行了有序化，使得情况重复了。

改正策略：做此类题应注意先组合后排列，而且要先明确对象再依次进行分类。在此题中，先分书后派发给人，或是先选人后分书，这样才可以保证完备性和互斥性。

二、养成良好的数学思维习惯

（一）高中数学思维习惯

我国著名教育家叶圣陶先生曾说："教育是什么，往简单方面说，只需一句话，就是要养成良好的习惯。"良好的学习习惯是有效学习的开端，数学思维习惯的养成是高中数学学习的重要内容。数学思维习惯是学生在经历长期数学学习后养成的用数学思维去看待问题的良好习惯，即看待问题具有数学学科的理性、逻辑性以及全面性。

众所周知，数学是思维的科学。思维的养成需要教师长期对学生进行积极地教导与影响，需要学生形成良好的数学学习习惯，勤于思考、勤于反思，主动提升自己的数学见识，这样学生才能逐步养成高阶的数学思维习惯。

学习习惯的形成与家庭环境的影响、同伴的影响、教师的教导，甚至与社会环境都密不可分，因受研究教学策略的影响，所以我们只研究高中数学教学促进学生良好思维习惯养成的有效策略。

在高中学习过程中，学生的数学思维水平是在不断提升的。刚进入高中的学生在解决问题时会比较套路化，思路无法打开，逻辑性也偏差。但随着数学学习的不断深入，学生的直观思维方式不断向抽象逻辑思维方式转化，学生的思维变得更加广阔，能够批判性地看待问题，也更愿意去与人分享自己的思维方式。高中的数学知识要比初中的知识更加广泛和抽象，数学语言更加符号化，有助于提升学生思维的严谨性。经过高中数学的学习，学生的数学思维会从浅显的认知转向对数学本质的理解，而且会更灵活地调动自己的知识，有组织地进行思维加工。

高中的数学教学具有自己独特的学科特点：一是思维的抽象性。有些概念和公式的来源与生活实际较远，学生难以接受其内涵。二是思维的多样性。高中数学知识涉及的数学方向很广，学生思维活跃，教师也多主张学生进行数学思维活动。三是思维的严谨性。数学是一门学科，更是一门科学，讲究严谨性，更侧重于逻辑推理和严格论证，目的就是培养学生严谨的思维习惯。

（二）养成良好数学思维习惯的策略

深度学习的核心因素是高阶思维。高阶思维是指人脑探索事物内在联系及其规律性的智力活动。美国心理学家本杰明·布鲁姆认为，高级思维包含认知层次中的分析、评价、创造能力这三个层次。在高中数学教学过程中，要从批判性思维、辩证性思维和创造性思维三个角度来促进高中生高阶思维的形成。

1.培养学生的批判性思维

初中阶段学生对数学学习会具有一定的思维定式，为了提高其思维水平，在高中阶段，教师应引导学生多角度地解决问题，提高其批判性思维水平。教学中可以借鉴心理学家恩尼斯的批判性思维教学模式：① 澄清批判性思维学习的价值；② 诊断批判性思维教学所需训练的行为；③ 呈现批判性思维的层面；④ 实施批判性思维训练；⑤ 评价批判性思维训练效果。

2.培养学生的辩证性思维

思维分为逻辑思维（抽象思维）和形象思维。逻辑思维是一种典型的理性思维，又分为形式逻辑思维和辩证逻辑思维两部分。首先，数学是一门极其严谨的学科，数学逻辑思维的培养是很有必要的。规范思维的严谨性是数学学科要教给学生的基本功，教师应使学生养成解决问题或是提出观点之前先进行自我质疑和验证推理过程的良好习惯，不论是在严格的几何证明中，还是命题的论证中，不要出现逻辑漏洞。这种逻辑思维能力会逐渐地转换为一种数学素养和数学能力，有助于学生在未来的学习、工作生活中遇到问题时，也可以保持逻辑清晰，从而锻炼学生沉着冷静的优良品质。

唯物辩证法中认为，对立统一是人类思维的普遍规律，数学中存在着许多彼此矛盾却可以共存的辩证关系。高中教学中要教会学生不要非黑即白地分析数学问题，要用联系和发展的眼光去看待问题，深入思考问题的本质，从经验型的思维方式向理论型的思维方式转化。数学辩证思维注重化繁为简，可以对复杂的问题情境和计算进行分解,将其化简为一个个小的问题再去解决。同时,剖析已有条件和未知条件,从中理清解题路径,或是注重矛盾面的运用,如添项、减项等会使得计算更为简便。另外,教师应培养学生从特殊到一般的数学眼光,引导学生将一般的问题先转化为一种或是多种特殊情况,在分析特殊情况中发现事物的规律,进而得到解决一般问题的方法,这在辩证性思维中有着非常重要的意义。

3. 培养学生的创造性思维

数学创造性思维的培养首先需要激发学生学习数学的兴趣,教师可以利用电子手段辅助教学,采取新颖的形式为学生展示数学世界的美妙和丰富性,让他们从"要我学"变为"我要学",充分参与到数学的探究活动中。其次,教师可以引导学生进行有意义的数学观察和数学想象,培养学生敏锐的观察力,使他们从独特的视角看待问题,发现问题。数学想象是培养创新性思维的基础,学生可以学习到的知识是有限的,但是基于知识可以展开的数学想象是无限的,教师应该尊重学生想象的空间。最后,教师要用发展的眼光去看待学生,对学生标新立异的观点和与众不同的想法进行鼓励和肯定,增强其自信心。但有意义的数学想象是以扎实的知识基础和清晰的数学逻辑作为基础的,因此教师要教导学生提出与数学相关的创新性观点,不可太过天马行空。

第五节　指向理解水平的效果评价策略

教学第五阶段是效果评价阶段,是指经过数学深度学习后教师对学生关于数学理解水平的跟踪评价阶段。深度教学应关注学生每个阶段的数学学习状态,并对学生进行跟踪性持续评价,旨在根据学生的情况进行及时的教学策略的调整。

一、建立评价标准

SOLO 分类评价法被称为可见的学习成果结构，是对学生思维结构进行等级分类的执行评价方法。它透过学习结果质量来判断个体知识理解水平，旨在判断学生是否形成了高阶思维。SOLO 分类评价法共分为五个层次，与数学深度学习结合后的具体评价模式如表 5-5 所示。

表 5-5　基于 SOLO 分类评价法的数学学习质量评价

序号	"数学学习"的质量描述	SOLO 理解水平	学习层次
1	初步参与到数学活动中，进行简单经验的联系，于学习无帮助作用	前结构水平（无理解）	浅层学习
2	了解基本的数学事实和概念，无法进行迁移，所获信息单一，会机械复述	单点结构水平（浅层理解）	
3	知道多个数学基本概念，但不清楚它们之间的关系；可用孤立的多个概念解决单个问题	多点结构水平（较浅理解）	
4	理解数学概念的内涵，明白各个知识间的关联；建立一致性的数学体系，可以解决复杂的数学问题	关联结构水平（较深理解）	深层学习
5	对数学知识和理论进行深层次思考，对数学信息结构进行有机整合；会综合分析数学问题，得出抽象特征，挖掘数学本质	抽象拓展结构水平（深理解）	

SOLO 理解水平的前三层：前结构水平、单点结构水平和多点结构水平，更多的是对数学知识的基础性理解，还有对技能的初步掌握，是一种知识数量上的积累，属于浅层学习。SOLO 理解水平的后两层：关联结构水平和抽象拓展结构水平是对所学内容的进一步思考和应用，符合深度学习的有机整合、迁移建构的特征，是属于对知识的深度加工后的深层次理解。

SOLO 分类评价法的优势在于其分明的层次性和可操作性。深度学习一直强调的是深层次理解，理解是一个由浅入深的过程，评价结构中的五个层次很好地体现出了学生的数学学习理解水平。SOLO 分类评价法是一种评价学生学习质量水平的方式，可以反映学生完成数学任务后的学习质量，便于教师针对性地进行教学分析和引导，适用于评价学生深度学习状况。

二、进行持续评价

现代教育非常重视对学生学习质量的评价。教师应该在学生深度学习的各个阶段都进行评价，既要关注学生在课前的预习状态，也要关注学生在学习过程中认知水平的变化，更要关注学生在经历了长期的深度学习后形成的变化。即时性评价可以增强学生对于学习的参与性，促进学生持续进步，也有助于教师指导学生及时地调整学习策略，让学生深刻理解数学知识内容，促进学生学习的实效性。

深度学习并非一朝一夕就可以对学生产生影响，这种学习方式旨在为学生的终身发展奠定基础。所以教师要对学生的知识、技能以及思想上的变化进行持续性跟踪，尊重每个学生在数学认知上的变化，保护学生对学习的自信心，并及时给出合理的学习建议。

（一）进行发展性评价

评价是一个动态的过程，教师应该注重学生在学习时的及时反馈，并根据学生在学习过程中关于认知、动作操作和情感体验这三个方面所存在的问题进行针对性的指导，激发学生的学习动力，体现数学学习的价值。

（二）进行多元主体的评价

评价的主体要从多个方位进行选取，如可以进行学生互评、学生自评、教师评价。因为是基于深度学习高中数学教学评价，所以学生会在评价中发现自己的不足和优势，可以更好地完善自己学习数学的方法，提高学习效果。

（三）评价方法的多样化

根据数学的学科特点，平时教师更多的是通过考试对学生近期的学习情况进行评价，而如果采用SOLO分类评价法，教师将更加直观地了解学生对于数学学习的掌握情况。同时，SOLO分类评价法也更加符合深度学习的要求，教师可以定期应用SOLO分类评价法测评高中数学教学质量，也可以通过数学作业、课堂观察、与学生谈话和成长袋的形式，对高中数学教学效果进行评价。

第六章　基于深度学习的高中数学教学设计实践

第一节　基于深度学习的高中数学单元教学

一、单元教学设计概述

（一）单元教学设计的概念

关于"单元"的理解，不同的学者有不同的说法。根据单元教学核心内容的范围大小可以分为"大单元""中单元""小单元"，而教材中的单元属于"中单元"的范围。高中数学单元教学的设计取决于教材编排与教学需求这两个方面的内容，从教材编排的角度来说，单元就是教材中现有的章节；从教学需求的角度来说，单元就是根据教学内容的联系进行重组整合后形成的大单元。

数学单元教学是在总体性思维的指引之下，充分立足于该学科核心素养的建立与巩固，以团队协作配合为依托，对有关教学内容展开统一规划、组合及调整，并且使经调整的内容成为具有一定独立性的板块单元，从而突显出内容的核心及知识间的联系，基于此对整个单元展开持续优化的动态教学模式。

单元教学设计可以定义为：它是一种动态的教学法，教师从学生的需要入手，用整体性的思维将高中数学教材的内容重新进行有机结合与优化后，形成的新的教学单元，其重点在于突显数学内容主干的完整性及知识枝干之间的关联性。

（二）单元教学设计的特征

单元教学设计的具体流程为：分析—设计—开发—实施—评价。

在此基础上可以更进一步细化为：单元内容划分—确定单元教学目标—选择教学方法—设计教学流程—评价、反思与修改。

综合多位学者对其实施流程的表述，笔者选取高中数学作为实例，对单元教学的实施过程做如下阐述（见图6-1）。

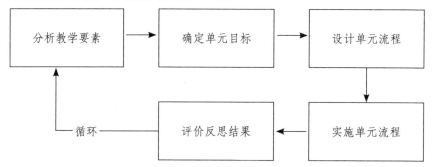

图6-1　单元教学设计的实施过程

有效的教学设计应当体现出发展性、开放性、生成性与反思性。单元教学设计的目的是得到最优的教学效果，其宗旨是解决教学过程当中出现的相关问题。一般来说，单元教学设计具有以下特点。

第一，单元教学设计在遵循教学过程一般规律的基础上，确定学生的学习需求，明确教学目标，用以解决教师教什么的问题。

第二，单元教学设计在对教材内容进行计划和安排之后，需要思考如何达到教学目标，用以解决教师怎样教的问题。

第三，单元教学设计以系统方法为指导，将各教学要素视为整体，剖析相关的教学问题与需求，设计解决问题的程序，用以解决教师教成什么样的问题。

从单元教学设计的定义、具体步骤以及相关的特性来看，笔者认为其具备以下特征（见表6-1）。

表 6-1　单元教学设计的特征

特征	性质	具体描述
整体性	促使教师从宏观层面统筹教学	① 单元教学是一个将教学目标、教学内容、教学策略、教学评价有机结合的教学整体； ② 单元是课程标准在该单元的集中体现，确定了学生的发展方向； ③ 教学内容具有整体性，教师在单元目标的引领下，基于学生认知结构，整合知识内容，确定教学总目标
连续性	促使教师从微观层面划分教学内容	① 前一知识内容为后一知识内容的教学做铺垫，后一知识内容是前一知识内容的拓展与提升； ② 对于前一部分知识的"激活"，可以促使学生在学习后面的知识时，自觉自发地产生"迁移"，从而帮助学生构建起完整的、系统的、具有逻辑关系的知识体系

二、基于深度学习的数学单元教学设计分析

（一）数学学科体系需要深度理解

传统的教学设计模式通常还停留在浅层学习的层面上，教学重点几乎落在学生对于知识点的背诵和做题技巧的掌握上。目前，数学学科的教学设计多以模块划分，缺乏对数学知识内容的整体把控，造成教学设计的主干不清晰。当今社会对于复合型人才的需求不断提升，众多学者已经意识到传统教学设计模式不符合当下促进学生身心全面发展的要求。

数学学科本身就具有较紧密的整体性与相关性，而深度学习就是从整体性与系统性的角度构建知识体系的新的学习方式。深度学习注重对数学学科整体体系的把握，强调学生应当掌握从整体角度理解数学这门学科的能力，并以此为基础，再对相应的知识、技能等进行学习。学生如果想要全面地认知数学这个学科体系，离不开对深度学习的运用。教师可以数学知识为媒介，通过对深度学习的应用，最终达到让学生很好地掌握数学的思想、方法，全面提升学生数学学科能力的目的。

（二）以学生为主体需要深度体验

传统的教学设计以教师作为教学行动中的主体，将学生视为被动接受知识的人，忽视了学生作为学习知识的个体存在的主动性和积极性。而美国教育心理学家杰罗姆·布鲁纳强调，学生的自主探究性是学习活动进行的基本条件。数学讲究的是理论与实践的渗透融合，其根本目标在于培育个体自主思考的能力，即思维能力的习得。这就要求教师与学生应在教学活动中努力扮演好各自的角色，真正发挥出自己在整个过程中应有的作用。故而，教师在教学活动发生之前，需要对单元教学做出相应的规划，此外还要始终围绕学生这一中心，突显学生的主体角色，充分激发学生的自主性与自觉性。

深度学习侧重于个体对内容的深度加工与框架构建，教师应在引导学生自主探索、体验知识基础上，促使学生形成多维的知识框架体系。由此，激发出学生在学习方面的自主性，引导学生在课堂教学活动中的主动参与和深度体验就显得十分重要。从数学这门具有实践性学科的角度而言，教师需要让学生在理解相关数学知识点的基础上，通过不同的问题情境或与生活相关的具体情境相联系，在学习中实践，同时在实践中学习。只有在数学知识与问题情境紧密联系而不是互相割裂的情况下，学生才能在深度参与学习中对数学学科的魅力进行深刻的理解，进而将促进学生深度学习落到实处。

（三）数学教学方式需要深度设计

融合深度学习的教学设计，更强调知识教学的整体性。换言之，知识内容的主体性以及教材内容安排的关联性，是基于深度学习的教学设计应当考虑的内容。与传统教学模式中碎片化的设计所不同的是，数学单元教学设计从教学目标以及教学内容方面，都致力于从宏观的角度对整个高中数学的知识与内容进行筛选划定，并形成一个整体模块教学知识主题，从而将传统课程下呈现碎片化的数学知识与思维方式重新构成一个较为完整的知识结构。在各知识点之间的内在联系，形成一个整体的单元知识系统框架后，要求教师能够从整体上理解和把握教学的知识与内容。

从教师的角度出发，教师应当对每个单元的知识点与内容进行从概念讲解到实践应用的整体设计。从学生的角度出发，学生应当能够深刻理解各知识点之间的关联性，不断地在自己的数学学科认知结构中，形成一个有主体、有分支的知识网，从而为学生整体性思维模式以及高阶思维的形成奠定坚实的基础。

除此以外，具体到课堂教学活动中来说，在深度学习理论指导下的单元教学设计，在不同的课时之间，不同的教学活动之间，都应当具有一定意义上的相关性。这就要求教师能够统筹活动中各个不同的环节，关注教材内容安排的相关性，在此基础上，形成循序渐进的单元教学设计模式。

总体而言，深度学习是从整体性角度出发的一个教与学的过程。而在这一理念的应用下，单元教学设计更应当注重从整体教学角度出发，摒弃传统的碎片化教学方式。教师在教学安排上，应当做到统筹兼顾，从教学单元目标的设定到教学内容的选择，再到具体的教学实践设计，都应当将学生作为学习的主体，引导学生感受、参与和体验数学知识的系统性与逻辑性。这既是实现个体深度学习的可行方式，也是帮助其提升思维层次的主要方法。

（四）高阶思维培养需要深度思考

在传统的教学设计中，教师更注重数学知识的讲授。而学生通常在简单理解数学知识点的基础上，运用背诵和套用数学公式的方式进行解题，在遇到更为困难的数学问题的时候便无从下手。这种较为机械化的学习方式不利于学生的自主发展以及高阶思维的养成。并且，这种获取知识的方式会对个体的心理及思维带来干扰，致使其无法深入解读信息内容，不利于学生批判性思维的建立。从人的认知发展阶段而言，在瑞士心理学家让·皮亚杰对认知发展归类的基础上，我们可以发现，从认知发展水平上来看，高中生已达到形式运算的中后期，其逻辑推理能力、抽象思维能力、联想创造力等都应当显著提高。因此，在高中数学教学中培养学生的批判性思维能力，对促进其认知水平发展十分重要。

深度学习在本质上就是要求学生深度理解知识。笔者认为，数学单元教学设计应当从对知识的理解入手，让学生能够在知识理解的基础上进行新旧知识的连接与构建。同时，在单元教学设计中，还应当引导学生掌握运用旧知识在新情境中解决问题的知识迁移能力。这样不仅解决了传统课堂中学生对于知识的学习只停留在浅层的问题，还能引导学生学会分析问题、解决问题并进行学习反思。将培养学生高阶思维能力作为数学单元教学设计的始点与终点，是检验基于深度学习的数学单元教学设计效果的有效途径。

三、基于深度学习的高中数学单元教学设计要求

（一）学习目标升级

学习目标升级，意味着单元教学设计的目标对学生认知发展提出了更高的要求，学生不能仅限于记忆、理解、运用的低层次思考，还要努力提升至分析、评价、创造等更高层次的思考。整个调整和升级过程必须遵循《普通高中数学课程标准》中的有关规定，同时要参考学生的学习情况，在深度学习的背景下做出合理的学习目标升级。

这一要求下的学习目标对学生的认知提出了更高的要求，其内容包含帮助个体建立起更高层次的思维。而目标是以分阶段的形式逐步落实的，所以单元教学设计成了帮助个体进入深度学习的有效方法。首先，要将难度较大的目标拆分开来，使之与学生的认识水平相契合，如此才能够使学生的数学能力慢慢融入上一级的目标之中。其次，教师应当在实施初期基于学生个体的认知情况，剖析学生学习的要点及难点，并且使其成为设置及拆分单元目标的参考和根据。最后，应提前围绕学生的学习难点进行学情分析，以便更好地对单元的学习目标进行确定和分解。这解决了学生在学习中应得到什么的问题。

（二）学生深度参与

深度参与，是学生身临其境感知深度学习的具体途径，学生通过对各种课堂活动的踊跃参加，可以感受和体会整个认识过程，提升数学能力。

学生在学习进程中是主体，教师在教学活动中扮演着引导的重要角色。故而，在针对高中数学展开单元设计的时候，教师身为学习的引导者以及整个过程的规划者，应当时刻留意要精准地确定学生所处的具体位置，确保学生深度参与。若要使学生在教师的引导下更好地获取知识，教师要组织好教学内容，维持好师生间的关系，打造出有助于学生深度参与的教学流程，并且选出较为有效的教学法。

（三）评价反思循环

展开单元评价的目的是检验预期的目标是否完成。深度学习是为了帮助个

体建立更高层次的思维，而评价环节则是为了验证这种思维是否形成，也就是深度学习有没有落到实处。

因此，教师应当更加关注单元评价。教师在规划设计的时候，不仅要留意评价与目标是否相互匹配，除此之外，还需把握好学生在各个环节的学习目标完成度，验明目标、流程及评价的统一性。另外，在单元教学设计初期，教师就应当时刻留意评价活动在设计落实前、落实中以及落实后所起到的作用，以便参照和对比。因为每个学生的认知差异很大，故而教师应当对最终得到的教学结果，做出一定的预期，允许进度差距的存在。教师应努力将深度学习落到实处，并且基于单元评价的结果，在第一时间予以反思，继而实现对单元教学设计的持续动态优化。

四、基于深度学习的高中数学单元教学设计模式

在围绕高中数学的单元教学设计方案进行有关的调研后，联系上文中关于深度学习的阐释和剖析，笔者创建出了以深度学习为基础的高中数学单元教学模型（如图 6-2 所示）。

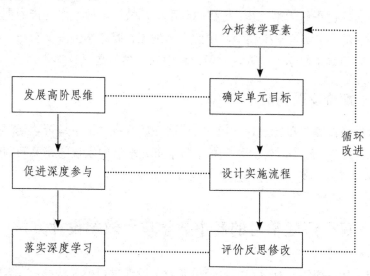

图 6-2　基于深度学习的高中数学单元教学设计模式

图中深度学习主要体现在：发展高阶思维、促进深度参与、落实深度学习这三个部分；设计流程涉及剖析教学元素、明确单元目标、规划实施过程、评价反思调整四个步骤。在实践应用时可以不断地循环改进上述步骤，以求达到更好的深度学习效果。

（一）剖析教学元素

从中不难看出，剖析教学元素是整个高中数学单元教学设计工作的首要环节，主要起到基础性的作用，为后续三个进深步骤提供依据。因此，高中数学教师应该能够从"学"与"教"的角度，对各个教学要素进行深入分析，在起步阶段就从整体把握单元教学设计。

（二）明确单元目标

明确单元目标作为第二步，要求教师在分析学生认知水平与教学目标之间的差距的基础上，设定能帮助学生发展高阶思维的学习目标。

（三）规划实施过程

规划实施过程作为第三步，是高中数学单元教学设计工作中较为重要的关键环节，主要为了实现学生在学习中的主体地位，促进学生深度参与。而本环节的核心问题就是使学生能够在学习过程中深入参与数学教学活动。

（四）评价反思调整

评价反思调整是单元设计的第四步，这一环节将对学生是否达到深度学习的效果进行反思。教师应针对整个高中数学单元教学中发现的相关问题作出修改，以获得更为完善且符合深度学习的单元教学设计。

五、基于深度学习的高中数学单元教学设计方法

在理论的支撑下，对于高中数学单元教学设计进行模式构建后，需要具体地进行实践操作分析，以便更清楚地阐述每个部分的具体内容。对于教学要素

进行分析后所得到的结果，是实施后续环节的重要依据。教学要素主要包含：数学内容分析、课标解读、教材剖析、学情剖析、疑难点剖析及教学法剖析。所以，如果以"概率"章节的知识为例，针对高中数学"概率"单元进行教学设计，具体如下。

（一）分析教学要素

首先，以疑难点为依据，明确每一个单元的具体目标，并且对其展开进一步的拆解和细分，从而选择适合的教学方式，制订科学的单元教学的流程。其次，教师应基于学生对概率这部分知识的认知基础和学业情境分析，确定教学难点。最后，教师应在大致了解学生对概率知识层面有认知架构后，对单元教学的核心内容进行重点分析。难点分析与重点分析的结果都将影响教学方式的确定。

教师可以基于对学生学情的分析，明确概率教学的难点；通过对概率知识的分析，提炼单元教学的重点；根据概率教学重难点的分析，确定适合可行的教学方式。

高中概率的内容主要有三级层次要求，即了解、会用和理解掌握并能解决相关问题。高中概率部分的大多数内容都只需要学生对其达到了解的程度，对于那些需要学生达到理解并掌握的内容，则需要教师结合实际的案例，提升学生解决问题的能力。

（二）确定单元目标

教师应针对学生当前的认知水平，判断设定的单元目标对学生而言是否能够达到高阶思维的训练要求。具体而言，教师可以根据概率单元目标，给出有深度、有区分度的问题，并在教学实施过程中通过层层提问，对学生概率知识的储备、概率认知的结构和概率学习的方法等方面进行检验与评估，从而找到每名学生的"最近发展区"。教师还可借助语言沟通、面对面访谈等措施来寻找学生可能进入的"新的最近发展区"。

单元目标确定后，则需要将这个整体目标细化到各个课时之中。教师在对概率展开解读和评析的时候，仍旧要以单元目标作为参考。帮助学生进入深度学习，事实上就是改变学生的认知模式，进而重构其知识框架。所以，教师在拆分目标的时候,应当整体把握学生当前的认知情形,然后根据教学要素分析、挖掘概率的重难点,完成对概率单元目标的拆解。

(三)设计实施流程

教师在细分学习阶段之前,首先要对本单元的内容框架有一个总体性的了解,而具体的课时设计是单元目标的详细落实。因此,我们大致可以把单元流程的设计分为两个部分,即总体设计与课时设计。

总体设计是从重新组织和调整的视角着手,配合对教学元素的剖析、单元目标的设定,对实施流程展开框架结构上的布置及设计。实施总体设计就是为了从全局角度对高中数学单元教学加以掌控,规划出更加科学的学习阶段,使学生在完成所有阶段的学习之后,其认知能力可以得到增强。在数学的单元授课设计中,可以让学生亲身体验从案例事实到概念总结的过程,进而使学生对数学知识之间的关系、数学知识与生活的联系、数学知识在生活中的应用等有深刻的认识。在实施这一系列教学过程后,提升学生对数学本质的认识。

课时设计是从具体实施的角度上,结合促进学生深度学习的目的,对学生的学习行为以及学习活动进行设计的。其目的是在体现学生在学习中的主体地位的前提下,促进学生的深度参与。课时设计的要点是确保各阶段目标真正落到实处,所以教师在开展对于教学课时的设计时,应关注学生学习数学的积极性、自主参与的踊跃性、知识迁移运用的有效性以及评价创造的创新性。

教师应在灵活运用总体设计与课时设计的基础上,结合多种有效的教学方式,顺利引导作为学习主体的学生主动参与基于深度学习的高中数学单元教学。让学生在积极思考中逐渐完善知识认知结构,帮助学生实现从低阶到高阶的思维方式转变。

(四)评价反思修改

评价、反思与修改不仅作为基于深度学习的高中数学单元教学设计活动的最后一环,更是构建、完善单元教学设计动态循环的开始步骤。该步骤的主要要求是通过构建全面且多维度的优化方案,对整个设计过程展开动态监测,对基于深度学习的高中数学单元教学设计方法持续加以调整和改进。

笔者在深度学习的应用下对高中数学概率单元教学设计进行探索,故而本环节应当首先确定与评价根据、反思修改有关的内容，并设计出有效的反馈方案。

1. 明确评价依据

按照以深度学习为基础的高中数学"概率"单元教学设计的相关要求，其中学习目标升级、学生深度参与、评价反思修改，实际上对应的是单元教学设计中目标、流程、评价的整体要求。因此，要依据《普通高中数学课程标准》的要求与深度学习的特征设计评价方案，以确保其合理性。评价的目的是对单元教学设计的有效性进行验证，看其是否达到促进学生深度学习的效果，是否能促进学生从低阶思维转向高阶思维的发展。

2. 调整反思修改的内容

教师应当回顾和思考在展开本章教学的过程中，每个教学步骤的实施与成效是否与教学要素分析、单元目标确定、单元流程设计、评价反思修改方案等流程相符合；教师在概率章节教学活动的实施中，又是否始终确保学生的主体地位并使其深度参与概率知识的学习；学生在深度参与的基础上又是否实现知识的迁移及高阶思维的发展。教师需要对各个有关问题进行反思，及时完善单元教学设计中不符合学生深度学习的内容。学生也需要对本单元的学习内容进行评价、反思及修改。

总而言之，教师每实施一轮单元教学，都应组织学生共同进行评价与反思，如教师间教学研讨、学生对教学反馈等，以推动数学单元教学设计不断改进，使数学单元教学设计进入良性循环。

第二节　基于深度学习的高中数学思想方法教学

一、数学思想方法概述

（一）数学思想方法的基本概念

《普通高中数学课程标准》指出，数学思想方法是蕴含在数学知识中，通过对数学内容的整体把握而归纳概括出来的数学的精髓。

一般而言，数学思想方法可分为数学思想和数学方法。数学思想是从数学认识中经历理解、批判、演绎推理及后续反复验证等过程后得到的正确观点；是人类从数学的角度，对事物的认识与感受进行的高度提炼与归纳。数学方法是指：解决数学问题所采用的手段、途径、策略和方式，是理论知识通向实践的桥梁，即用数学语言表示所要解决事物、问题的状态、关系和过程。

数学思想和数学方法既有联系又有区别。联系在于：两者共同发展、相辅相成。数学方法是数学思想产生的基础，而数学思想是数学方法更深层次的表现形式。区别在于：数学思想是数学活动的指导思想或解决数学问题的思考方向，而数学方法是数学活动开展的方式方法或者是解决数学问题的途径、手段。数学思想和数学方法一个是思维层面，一个是具体操作层面。我们对数学思想与方法在实际应用中往往不加区分或者说二者本就不易区分。如极限，用它去求导数、求积分时，我们称为极限方法；当我们思考求导数、求积分的解决策略，即将变化过程趋势用数值加以表示，使无限向有限转化时，我们称之为极限思想。可以说，要想把数学思想与数学方法完全区分开来是有难度的，因此教师一般会将二者统称为数学思想方法。

（二）高中阶段主要的数学思想方法

高中数学思想方法是学生分析、处理和解决问题的指导思想与策略，是对高中数学内容的高层次归纳概括。在高中数学阶段，有七大数学思想方法。第一，函数与方程思想方法：是对函数内容高层次的概括、提炼与总结，是解决各类计算问题的基本思想。第二，数形结合思想方法：探究对象是数和形两方面，数到形与形到数二者相互转化。第三，分类整合思想方法：有分有合，先分后合，培养思维严谨性与周密性。第四，转换与化归思想方法：从繁到简、由难到易，寻找有利于问题解决的途径与方法。第五，特殊与一般思想方法：由特殊到一般，再由一般到特殊的反复认识过程。第六，有限与无限的思想方法：将有限与无限问题相互转化来解决。第七，或然与必然的思想方法：偶然中找必然，再用必然规律解决偶然。

二、基于深度学习的高中数学思想方法教学的教育价值

"鹦鹉学舌""小和尚念经"型学习是当今学校教学的常态，导致在高中数学学习中，学生大多只会进行模仿学习。教师在教学中主要充当知识传递者，学生则处于被动接受者的位置。在如今这个经济社会快速发展，教育越来越受到重视的时代，我们应该思考：如果教师仅仅只是传递者的角色，那教学的价值何在？教师还有存在的价值吗？当发布的知识具有权威性，学生只需像提线木偶一样接受知识时，教学该如何展现其价值和意义？

当下，在数学教学中渗透数学思想方法应成为主要的教学方式。笔者认为，高中数学教师应基于深度学习理论，将数学思想方法与高中数学教材进行紧密结合，并应用深度分析、深度设计、深度实践以及深度评价等策略，结合具体情境构建认知结构来进行数学思想方法的深度教学。学生通过深度学习高中数学知识，感受知识形成的过程，对其进行理解批判、迁移应用，满足学生学习时的"是什么"目标；而数学思想方法主要体现在它为学生如何思考、如何探究提供思维方向的指导，满足学生学习时的"为什么"目标。

（一）有助于学生改变数学的学习过程，形成良好的认知结构

相对初中来说，高中数学知识点多、内容复杂，如果仅靠学生死记硬背与教师灌输式教学，学生将对数学学习产生麻木排斥的心理感受，影响学习效果。这时，基于深度学习的高中数学思想方法教学就突显出了它的重要性与优越性，它以学生为学习主体，教师为引导者、组织者及合作者，帮助学生整体把握教材内容脉络，使学生在经历初识、理解、批判、探究及归纳等情境体验后，把各个知识点联系起来，构建良好的数学认知体系。从而使学生在遇到数学问题时，可以快速在脑海中提取相关知识点，迅速挑选出最优的解决途径与最佳的解决方案。

（二）有利于改变学生数学的学习效果，培养良好的数学综合能力

拥有数学综合能力的前提是掌握数学知识，只有掌握了数学知识才能进行数学运算、推理验证、数据处理等数学学习过程。但数学知识不等于数学能力，知识水平的高低与能力水平的高低也不成正比，所以我们更应该关注的是学生对数学知识的关联、理解、掌握及迁移应用。教师在教授时，切忌对学生进行数学基础知识的简单堆砌或是对技能方法的生搬硬套、强加灌输；而应为学生创造思维发展的空间，对学生进行引导教学，帮助学生理解把握数学知识的内涵本质。

（三）有助于发展学生的创新思维，培养数学专业发展能力

数学教学不应是一个没有感情的知识传递活动，而是教师和学生二者双向的交流互动，是一个教学相长的过程，是对数学知识深层次理解、评价与再创造的过程。学生带着自身认知能力与经验去接受新知，将其作为生长点，对知识进行转化、深化与迁移。教师应把数学思想方法和数学教材内容结合起来进行深度教学，发展学生的数学创新思维，使其能全面、灵敏地运用数学知识解决实际问题，进而发展学生的高阶思维，提升学生的数学专业发展能力。

三、基于深度学习的高中数学思想方法教学设计

笔者基于深度学习理论,把握高中数学思想方法线条,对教材内容进行挖掘研究与分析,并结合高中生的学习与性格特点,充分遵循高中生的认知发展规律,在教学设计以及评价反思之后,论述了基于深度学习的高中数学思想方法教学的一般过程。下面笔者结合实际教学经验,从课前、课上及课后三个阶段对基于深度学习的高中数学思想方法教学设计展开叙述。

(一)课前

深度学习主要是通过引导学生参与知识的理解、挖掘、研究及掌握过程,发展学生的高阶思维和关键能力。那么,怎样确定一个具体知识或学习内容中应当聚焦哪些高阶思维和关键能力呢?这就要求教师在理解数学教材的基础上,深入挖掘知识内容背后蕴含的数学思想方法。教师在制订一节课的教学目标时,可对学生进行学情分析,设计导学案,布置预习任务,致力于设计出符合学生的认知发展、明确学生所要掌握的关键知识、适合学生学习的教学方法。教师在设计教学过程中,要把教授知识与渗透数学思想方法进行深度融合,避免"低效率题海战术"。对于高中数学思想方法,教师在教学实践中要做到在复习导入中回顾、在探究新知中渗透、在练习解题中贯通以及在课堂小结中概括。使学生清楚是什么?为什么?怎么用?以便于学生评价反思。教师在课前进行一系列细致而充分的教学准备,是学生课上能进行数学思想方法深度学习的前提条件。

(二)课上

课堂是教学活动的主要场所。有了课前的教学准备,教师接下来需要在课堂上引导学生在具体知识、问题上自觉联系准确合适的数学思想方法作为思维指导,帮助学生深度探索理解、推理演绎每一个数学知识与问题,并构建完整的认知结构。

1. 告知学生学习目标

"凡事预则立,不预则废"。教师在开始讲授本课内容前告知学生学习目标,有助于学生在学习之前清楚明白自己本节课的学习方向,激发学生对问题进行

独立思考；有助于学生积极主动参与到学习过程中，保持学习热情和深入探究的兴趣；有助于学生在理解掌握的基础上进行迁移应用，二次消化所学的知识内容，在所学知识内容中体会、领悟所蕴含的数学思想方法。

2. 回顾先期知识

先期知识是学生已有的知识经验。学习从来不是孤立的、断层的。学生在学习新内容之前，需要有前期知识做铺垫，才能更好地理解掌握所学知识。换句话讲，因为学习是持续性发展的，所以构建新旧知识的联系非常重要。这里要求教师要高度处理好新旧知识间的联系，把新知识牢牢建立在学生的记忆点上；以已有知识经验为内容载体促使学生深度学习新知识，引导挖掘知识中蕴含的思想方法。回顾先期知识可以帮助学生深化知识经验，达到二次消化理解的目的。在回顾教学中，教师要引导学生进行新旧知识经验的联结，深入挖掘研究知识背后的数学思想方法，达到深度学习的效果。

总之，教师在课堂教学开端，切忌直接进入探究新知的环节。而应先激活已有的知识经验，使学生在后续的新知探究活动中更好地构建新旧知识的联结体系；使学生能更好地理解掌握新知识，二次消化、理解与掌握旧知，挖掘新知蕴含的数学思想方法。当然，教师可以在授课开端进行激活先期知识环节，也可以在探究活动进行此环节。

回顾先期知识的方式方法丰富多样，下面笔者对几种常用的课上回顾复习的方式方法进行阐述。

（1）口头提问

在教学过程中，师生双方需要了解教与学的情况。课堂提问是师生相互了解的有效途径之一，它能准确、及时、直接地反馈教与学的情况。所以用口头提问是一种直接、简单且可操作性强的回顾先期知识的方式。教师既可以了解学生的前期知识学习情况，也可以在学生忘记或掌握不好已学知识的情况下，帮助学生复习并进行知识巩固。同时，在师生双方一来一往的问答中，可以培养学生的思维组织能力，促进数学逻辑思维的发展。例如，在"向量加法运算及其几何性质"教学中，教师可以在复习回顾环节进行以下口头提问：什么叫向量？怎样表示？向量与有向线段有何不同？相等向量是怎样定义的？什么叫共线向量？层层深入引导学生回顾向量的生成发展过程，为学生学习向量的加减运算做铺垫。

（2）多媒体技术

随着科学技术的飞速发展，社会各领域广泛地引进多媒体技术来提高工作效率。当然，教育领域也广泛引入了多媒体技术。学校引进多媒体技术来辅助教师教学，教师有了更多教学方式的选择，有利于给学生带来更好的学习体验。教师在应用多媒体技术教学的过程中，可以通过音频、视频等来演示教学内容的发生、发展过程，形象直观地展现数学情境，提升学生学习知识的易读性。这种方式十分生动形象，既能够串联新旧知识，也使学生更容易理解新知，给学生创造了良好的学习空间，提供了更多的学习资源。

（3）创设情境

在高中数学教学中，好的导入，能激发学生探求问题、探知方法的欲望，有效提高学生的学习兴趣，为下面的学习探究做好铺垫。运用精彩的导入手段来激发学生的学习兴趣、提高学生学习的主动性、积极性，可使学生在数学学习中开发脑力，深入探究思索，达到深度学习的效果。新课的导入方法很多，有情境导入法、故事导入法、数学史导入法、实验导入法等。

（4）综合分析知识

在数学课堂中，经过了"创设情境，导入新课"的教学环节，接下来，需要引导学生进入分析、综合阶段。首先，教师应设计有导向性、挑战性的问题，制造学生的认知冲突。当学生的认知结构与新知识、新情境不能相容时，会激起学生的探究欲望，学生会想尽办法厘清思路，这是学生进行数学探究的开始。其次，由教师引导学生对课时内容的知识点进行分析，对知识进行整合和意义建构。需要注意的是，由于数学知识内容是前后联系的，具有螺旋上升的连贯性特点。因此，教师在对新知识进行分析和整合时，要引导学生进行新旧知识的联结，分析新旧知识的内在关联。最后，教师应适时进行数学思想方法的点拨与渗透，让学生学会用数学思想方法分析与思考问题，深度理解与掌握新知识，并进行迁移应用。在分析、综合阶段，学生要把零碎的知识点和旧知识点相互联系、相互融合，构建完整的知识体系，完成"为什么"与"怎么做"的学习目标，教师则应由浅入深地引导学生进行持续性的深度学习。

（5）应用知识解决问题

通过前面的学习，学生可以在头脑中构建数学知识体系，但光有知识体系远远不够。深度学习要求学生理解、掌握及迁移应用知识，敢于批判质疑，善于总结反思自身的学习过程。因此，可根据学生能否应用已学知识来解决未知问题，检验学生是否进入深度学习。当学生能运用新知识解决简单的数学问题时，证明其已基本理解当堂教学内容。教师可以将练习难度设置为阶梯式，由易到难、由简到繁地引导学生通过思考、表征、探究、交流来解决数学问题，获得数学知识经验。需要注意的是，在上述过程中，教师要指导学生应用合适准确的数学思想方法来帮助自身分析、思考，再结合数学知识进行问题解答，以发展学生的数学思维，提高学生的数学综合能力。

在练习题的设置上，需注意以下三点。

第一，练习的设置要符合学生的认知发展规律，要由易到难、层层递进。教师在练习题的设置上，不要一开始就给学生高难度的题目，学生解答不了的话，容易打击学生的积极性，使学生产生自我怀疑与厌学情绪。学生解决问题一般会经过模仿、理解、掌握、熟练与创造五个阶段。到了创造的阶段的话，学生已经可以灵活地运用知识解决问题。

第二，练习题设计要一题多变。笔者在实际教学中发现，部分学生不能灵活运用数学知识解决问题并且缺乏对数学思想方法的运用能力。为了解决上述问题，教师在设置练习题时，可以采用一题多变的方式，即在原本题目的基础上设置变式问题，考查学生的迁移能力。

第三，练习题设置要一题多解、多题一解。一题多解表现为从不同角度分析考虑问题，得到多种解决方法，本质为迁移与求异。多题一解表现为不同题目通过一种方法来解决问题，本质为迁移与求同。它们可以增强学生知识的衔接性，思维的连贯性，促进学生思维的发展。教师要引导学生从多角度分析、思考和解决问题，找出问题的最优解决方法，帮助学生树立自主解题意识，鼓励学生敢于创新与探索。

（三）课后

1. 反思与评价

课后的"反思与评价"要从教师与学生两方面着手。教师的反思与评价是教师对自己教学实践活动的再认识、再思考，是对教学的反思与评价。教师需要抛开感性认识，理性地看待自己的教学行为、教学过程是否得当，并在此基础上取其精华去其糟粕。教师需要反思与评价的地方很多，例如，教学目标是否适合、教学重点是否达成、教学难点是否突破、教学生成过程是否协调、课堂教学活动中学生的参与是否积极活跃等。教师通过反思与评价上述内容，来了解课堂教学效果、改进教学计划、完善教学步骤，使课堂教学高效进行，促进学生深度学习。学生的反思与评价是学生对本堂课所学内容的自我反馈。学生需要反思自己是否掌握了课上所学内容以及所用的学习方式是否合适，评价自身在学习过程中是否积极参与教学活动、是否主动探究问题等。这样学生能及时了解自己在学习中的不足，调整学习状态，解决存在问题，更好地进行数学学习。教师和学生的反思与评价是教学活动的重要环节，有利于教师高效教学、学生深度学习。

2. 再创造

"再创造"教育由荷兰数学教育家弗赖登塔尔提出，是实现教师深度教学与学生深度学习的载体。在数学教学中，教师往往更关注数学学科的科学性与严谨性，习惯于将已有的知识和规律直接告诉学生，学生的数学学习往往变成了知识规律的简单堆砌。学生没能亲历知识的发生发展，而是在具体应用过程中体会它们的价值。这对数学学习百害而无一利，学生会在这样刻板的学习模式下习惯于依赖现成的数学知识，养成不动脑、不思考、不探索的思维惯性，缺乏创造性。"再创造"要求教师给学生提供合适的条件、给予一定的时间与空间，让学生在数学学习中，重新思考、探索，发现、创造出相关数学知识与学习方法。这是一个需要教师"放手"，学生"着手"的过程，而不是走一个过场、换一个形式来直接揭示知识规律的学习过程。从本质上来说，教师在数学教学中直接给出结果，让学生模仿，这是低估学生数学学习能力的表现。学生经过"再创造"习得的知识，远比其作为一个被动接受者习得的知识来得更深刻、更牢靠，学生在此过程中也体会到数学学习的价值与快乐。

四、基于深度学习的高中数学思想方法教学策略

教学策略是教学过程中指导思想的具体化。笔者在基于深度学习的高中数学思想方法教学一般过程的基础上，围绕学习文化、教学环境、思想方法以及教学观念等内容提出三条具体可操作的教学策略，以期给当下高中数学思想方法的深度教学提供有效可行的实践方向。

（一）创造良好的学习文化及教学环境

在高中数学学习中，良好的学习文化可以定义为良好的师生关系与生生关系。良好的学习文化和良好的教学环境相辅相成，因此在创造良好的学习文化基础上创设良好的教学环境，能有效促进学生的学习效果。

1.创造良好的学习文化

良好的人际关系会使人在所处的环境中心情愉悦，并能与周围人和谐共处。因此，学生与同学、教师有着良好的交往互动，有利于学生在学习上合作交流，共同探索。

（1）良好的师生关系

人的一切都处于一定的特定关系中，关系制约着人的活动方向与活动的积极性。学校教学活动也是如此。良好的师生关系是教师教学活动顺利进行的前提。古人言："亲其道，信其师。"师生间有良好融洽的交往，学生会愿意相信教师，会愿意听从教师的教学教导，这不仅有利于教师教学活动秩序的维持，有助于教师发挥教学积极性，而且有助于教师营造宽松民主、生动活泼的课堂氛围，使学生学习积极性高涨，能在课上进行深度学习。

良好的师生关系有助于教学相长。良好的师生关系在情感上激励着教师与学生。在教师方面，有助于教师减轻教学压力、缓解教学焦虑，使教师保持愉悦的教学心情，对教育教学投入更多精力与学习，提高专业水平，更好地进行教学。在学生方面，师生良好的交往，有助于提高学生的学习热情，发掘学习潜能，激活学习创造性。学生对教师信任，也会把这份信任从教师转移到教师所任教的学科上，相信教师的教学。同时，学生也会更有勇气主动与教师进行学习交流，探讨问题。

（2）良好的生生关系

生生关系即学生与学生之间的关系。有的学生因为同学之间关系紧张，精神压力大，严重者甚至产生了不同程度的心理疾病，使学生的在校成绩也受到较大的消极影响。所以处理好生生关系，对学生来说至关重要，对学生的学习有着重要影响。良好的生生关系是教学活动顺利进行的关键因素，学生愿意一起解决问题，有利于小组合作学习方式的进行。高中数学知识点杂而多，学生之间交流探讨，更有助于对问题进行深度剖析，给出多种解决思路，选出最优解决途径。

2. 创设良好的教学环境

《普通高中数学课程标准》在"实施建议"中指出："创设合适的教学情境、提出合适的数学问题，引发学生思考与交流，形成和发展数学学科核心素养"。创设良好的教学环境应着眼于整个课堂教学，从其承载的教学内容特点出发，创造有助于激发学生学习热情，促进学生深入探索与自主思考的教学环境，促使学生进行数学思想方法的深度学习。

教师要根据学习目标，从学生原有知识经验出发，创设生动活泼、贴近学生生活的真实教学情境，以境生情，引导学生主动参与教学活动。教师应主动组织猜想、推断、检验、证明等积极的学习活动，鼓励学生主动思考、独立探究，从而促进学生深度学习。同时，教师在情境创设上还要进行数学思想方法的渗透，让学生在情境中做到深度联系、深度理解、深度掌握及深度应用。

常见的创设良好的课堂情境的方式方法有：① 图像情境。图像是最直观、形象的表达方式，利用图像可以深化学生的认识，推动学生积极思考。② 问题情境。以提出问题的方式创造情境，能激发学生探求的欲望。③ 故事情境。这是最容易将学生的注意力与情感调动起来的课堂情境。④ 实验情境。良好的课堂实验可以使学生把新旧知识联结起来，认真思考、建构整体的知识认知结构，体会所学知识的意义。⑤ 游戏情境。奥地利心理学家西格蒙德·弗洛伊德曾说："游戏是由愉快促动的，它是满足的源泉。"教师可以根据学生心理发展规律、特点与相应教材内容设置数学教学游戏，营造愉快的学习氛围，促使学生主动地参与、投入课堂学习，提高学生观察、记忆、注意与独立思考的能力，不断发掘学生的学习潜力。

（二）尊重数学的教学规律

规律是指事物固有的、必然的、稳定的联系。在教学中也有规律，即教学规律。现阶段学习资源丰富，纸质材料、电子材料及视频学习材料等给教师教学和学生学习带来了诸多便利。但每个教师对教材的理解可能并不相同，市面上的教学设计也是多种多样，优劣并存，而大部分学生不具备分辨能力，这就要求教师在深度理解、分析教材的基础上，根据高中数学教材各个单元、各个小节及各个知识点的特点与联系，帮助学生认识数学的规律，切勿割裂数学教材知识内容间的联系。很多教师没有深入地去探究数学知识内容间固有的、必然的、稳定的联系，没有发掘其中蕴含的数学思想方法，只是照本宣科地讲授知识，完全不顾学生的学习体验与学习效果，使学生只能在学习该知识点时刻板地使用该知识点，而不知灵活变通，这是没有遵循教学规则、教学规律的数学教学。数学教学应该做到对数学知识的深度理解与掌握，并挖掘、研究、尊重一般的数学教学规律。

1. 数学思想方法的"来龙"

深度学习理论强调学生要在联系生活实际与学习经验的基础上，结合原有的知识与认知结构进行学习。而数学思想方法是经历对数学内容的研究，概括出来的数学精髓。在教材编写过程中，限于篇幅，会淡化数学知识的生成过程，将重要的数学思维一笔带过。如果教师在课堂教学中，因为时间关系没有引导学生对所学知识点与已学知识点进行适当的串联，没有带领学生深度剖析所学知识点与已学知识点间的内在联系，没有帮助学生对所学知识点进行深化，那么大部分学生也没能力与精力对新旧知识进行串联、归纳、总结。学生往往把所学知识点看作是没有关联的知识片段，这就降低了数学学习的效率，使教与学都达不到应有的深度。深度学习数学思想方法对整个高中数学的学习是不可或缺的。它帮助学生串联高中数学知识内容，能让学生体会数学知识的发生、发展过程，因此教师必须对数学思想方法教学予以重视。

进行深度的数学思想方法教学，要清楚数学思想方法的"来龙"，数学思想方法"在哪里"。教师应联系学生实际，创设适当的数学教学情境引领学生发现其中蕴含的思想方法，感受数学思想方法对学习知识点与解决问题的重要性。教师可以基于深度学习的关联性与连贯性，对数学知识规律进行一定归纳总结，使学生更加清晰明白、循序渐进、由浅入深地进行数学学习，取得良好的数学学习效果。

2. 数学思想方法的"本质"

学生经教师教授及自身的学习积累过程可以习得数学思想方法。学生在探索新知时，可以应用数学思想方法主动积极地寻求解决未知问题的思路、策略，明确问题解决方法、证明方法，抽象概括、总结归纳出数学概念、公式、定理规律等，并在此过程中提高解决问题的数学思维能力。同时，深度学习理论强调要进行质性判断，关注学生学习过程，培养学生敢于批判的精神，教师应善于反思总结，并能在书本知识的基础上进行再创造，协调、统整、迁移地应用数学知识。如果学生只是经过大量重复习题训练，通过肌肉记忆解题，就会盲目相信权威，死记硬背书本上现成的概念、定理、公式，始终处于"静态"学习阶段。因此，教师应引导学生改变学习方法，主动探索，寻找知识点的关联，把深度学习理论应用到数学思想方法的学习上，做到"动态"学习。教师应帮助学生抓住知识内容间的连贯性，使学生建立起完整认知结构，提高学习效率；教师应帮助学生理解、掌握并应用所学知识内容，抓住事物本质，从而找到问题解决的关键；教师应引导学生多观察、多思考、多分析，做到"为什么""是什么""怎么做"三个教学目标，深化数学学习过程。

以学习"圆锥曲线"的统一定义为例，高中阶段，圆锥曲线包括：椭圆、双曲线、抛物线。圆锥曲线是高中数学的一大难点。圆锥曲线均为平面、截面、锥面所得到的曲线。通过前面三种圆锥曲线的学习，我们可以发现：椭圆与双曲线的定义形式相似，都是两定点的距离之和与常数之间的关系，而抛物线是刻画点到焦点的距离与其到准线的距离之间的关系。教材中指出："平面内到一个定点 F 的距离和到一条定直线 l（F 不在 l 上）的距离的比等于 1 的动点 P 的轨迹是抛物线"。教师可以顺势提出问题："当这个比值是一个不等于 1 的常数时，动点 P 的轨迹又是什么曲线？"这时提出这个问题，合情合理，显然可以引导学生开拓思维，积极主动探究。但从学生角度来说，这弱化了圆锥曲线定义的产生过程，固化了学生的思维活动，暗示了学生这是圆锥曲线统一定义的雏形，限制了学生的创造性，存在一定局限性。为发展学生的数学高阶思维，进行深度学习，教师可以引导学生思考以下问题：① 抛物线只有一个焦点，椭圆与双曲线都有两个焦点，抛物线无法仿照椭圆与双曲线进行定义，是否只能让椭圆与双曲线仿照抛物线进行定义？② 三种曲线是形，我们要寻找其相同点进行统一定义，所以是否可以应用数形结合思想方法，从数的角度来探究圆锥曲线？

首先，教师可以运用数形结合思想方法，启发指导学生探究圆锥曲线，寻求探究思路、解决策略。其次，渗透转化思想。曲线上的点到准线的距离与到焦点的距离可以相互转化。学生在理解此概念的基础上，能以更宽的视野来探究圆锥曲线统一定义，从圆锥曲线的统一定义看三种圆锥曲线的联系，从变化的观点看待圆锥曲线，从而领悟圆锥曲线的实质、内涵。最后，教师可以引导学生从多角度分析圆锥曲线，学会用批判性的眼光审视圆锥曲线，并利用它们的统一定义解决一些与焦点、准线有关的问题，深度理解掌握圆锥曲线的有关知识，并能迁移应用。

3. 数学思想方法的"去脉"

数学思想方法的"去脉"是指数学思想方法的应用、变式、拓展。高中生普遍尚未拥有成熟的知识体系，对教师讲解的零碎知识没有归纳整理的能力，加之数学问题多综合多个考点对学生进行考查，导致大部分学生在解题时寸步难行。基于此，有效的解决方法是提升学生理解掌握与迁移应用数学思想方法的能力，帮助学生灵活运用数学知识解决问题，辅助学生思考解题的思路与策略。为此，高中数学教师在教学过程中要结合实际，让学生从课本上的例题与习题册等练习中，学会多角度、全方面地分析问题，学会从不同思路解决问题，并在解题过程中逐步整合、归结、优化解题方法。

（三）加强对数学思想方法的理论研究

开展数学思想方法深度教学是提高学生数学素养的关键手段。首先，要发挥数学思想方法的最大价值。教师作为教学过程的主导者和设计者，应像基础知识教授那样，设计一套系统完整的教学方案，并在课堂教学中应用。其次，由于数学思想方法具有高度的思维性和抽象性，因此在实施教学设计方案时，要根据学生的实际反馈，对教学方案进行及时调整，在教学过程中循序渐进地向学生渗透数学思想方法。再次，要发扬学生的主体地位。当下教学倡导以"以学生为主"，教师应让学生积极融入课堂，感受数学思想方法的动态应用，体会知识的产生、发展、提炼过程，而不是直接灌输数学结论。教师应引导学生通过对知识与思想方法的体验与分析、比较，弄清楚数学思想方法的本质、内涵与异同，进而明白数学思想方法应该用在何处？怎么用？最后，教师要加强数学与其他学科的联系。各门学科是相通的，而数学作为一门基础学科，和其他学科自然有着密切的联系。学好数学学科能为学生学习其他学科打下良好基础，而学好其他学科也对学生学习数学有很好的促进作用，这是一个相互促进的过程。在高中数学课堂中，教师可以把其他学科的知识与案例贯穿到数学中，帮助学生更好地理解学习内容与应用的思想方法，达到深度学习的目的。

在高中数学学习中，学生的任务是学好数学，但"好"怎么体现呢？这里的"好"不仅是指学生数学考试成绩高，还是指学生要有较高的数学素养、具备数学高阶思维，能理解数学思想方法的本质内涵并深度掌握数学思想方法；能在数学学习中应用数学思想方法帮助自身"化抽象为直观""化复杂为简单"，优化解决数学问题的途径与方法，快速找到解决问题的最佳策略。将深度学习与数学思想方法相结合，有助于学生在深度理解掌握数学知识与优化问题解决策略的基础上，更好地解决实际问题，有效促进学生理解与表征能力、逻辑思维能力、推理演绎能力、问题解决能力的发展。

第三节　基于深度学习的高中数学建模教学

一、数学建模概述

北京理工大学教授叶其孝认为，数学建模是一种数学思考方式，是形象化或符号化的表示。刘来福、曾文艺认为，数学建模是根据实际问题组建数学模型的过程。[1] 何小亚认为，数学建模是数学化的体现，就是用数的概念、原理和方法解释现实世界，将现实问题抽象为数学问题，用数学方法建构模型，最终解决的过程。[2] 张思明认为，数学建模是问题解决的一部分，它的作用更侧重于日常生活、经济、理化生等非数学领域。[3] 李明振认为，数学建模是一个分析实际问题，发现内在规律，表达数学问题，借助计算机进行处理，得到可供参考的定量结果的过程。[4]

---

① 刘来福、曾文艺：《数学模型与数学建模》，北京师范大学出版社，1997，第 27 页。

② 何小亚：《学生"数学素养"指标的理论分析》，《数学教育学报》2015 年第 1 期。

③ 张思明：《中学数学建模教学的实践与认识》，《数学通报》1996 年第 6 期。

④ 李明振、喻平、蔡仲：《高中学生数学建模认知特点比较研究》，《数学教育学报》2011 年第 5 期。

在《普通高中数学课程标准》中给出了相应的课时和课程落实要求，指出数学建模是对现实问题进行数学抽象，用数学语言表达问题、用数学方法构建模型解决问题的过程，还提出了评价的水平划分和层次要求，数学建模活动的基本过程如图6-3所示。数学建模教学与传统的高中数学教学与学习内容不同，它作为一种数学课堂教学的延伸，通过大量贴近生活的实例激发学生的学习自主性，学生通过综合运用数学知识和数学方法建立相应的数学模型，解决实际问题这一过程，不断地建构新知识、新方法。

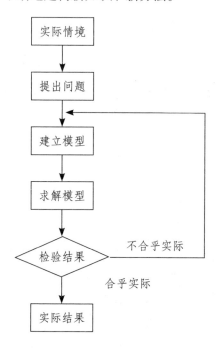

图 6-3　数学建模活动的基本过程

二、基于深度学习的数学建模教学的设计原则

笔者基于建构主义学习理论、布鲁姆教育目标分类理论、问题解决理论，对问卷调查中高中数学建模教学中存在的问题进行深入剖析，结合高中数学建模教学现状、测试卷及访谈结果和《普通高中数学课程标准》中对数学建模教

学的相关要求。提出数学建模教学设计和实施时应遵循的原则，通过深度学习指导数学建模教学，促进数学建模教学的发展。

（一）问题性原则

深度学习和浅层学习的不同之处在于，处于深度学习状态的学生需要将个人的经验与知识相互转化。在数学学习中首先要进行联想与结构，教师要让学生养成观察自然、社会生活、教科书中的数学问题的习惯，使学生能把问题情境中蕴含的问题抽取出来，并将其转化为数学问题，进而运用已有的知识与经验或围绕该问题查找文献与相关资料、数据，提出解决问题的方案。学生在以问题为载体，创建问题情境，有目的地完成一个具有挑战性的问题过程中，实现经验和知识的相互转换，自主探究数学知识的产生过程和发展过程，在创造、评价、分析的过程中，自主建构知识。

教师在进行数学建模教学设计时要注意：① 教师要注重培养学生数学化的意识，引导学生在不同的现实情境中发现问题，深度加工，最终解决问题。② 教师要引导学生在建模过程中梳理问题，分析问题中的影响因素，并判断主要因素或次要因素，提取情境中的有效信息，使问题清晰化，让学生完成真正意义上的联想和结构。③ 教师鼓励学生在数学建模的过程中查找问题的相关数据和资料，培养学生信息检索的能力。④ 教师应在教学设计时挑选结构化的教学材料，在教学中向学生介绍获取相关资料的途径，如现实观察测量、查找文献等，并在学生实际能力允许的前提下，指导学生确定解决问题的方法。

（二）体验性原则

活动与体验，是深度学习的一种学习机制，将深度学习和数学建模教学融合，要求学生在主动的、有目的性的"实践""检验""优化""评价"等活动中分析问题、研究问题，从而了解知识产生和发展的全过程。体验性原则的实质是以学生为主体，以培养学生创新精神和实践能力为目标，使学生在实践中体验并增强获得信息的能力。学生围绕着具有研究价值及挑战性的学习活动进行体验的目的是，使学生通过亲身参与，体验过程知识产生和发展的全过程，并最终获得发展。教师在教学前应预先设计活动方案以及体验流程，在教学过程中也需要及时介入、引导、沟通，并在必要时给予学生一些鼓励与提示，而不是放任学生漫无目的或无休止地无效学习。在深度学习的数学建模体验过程中，学生也可以对已有的知识进行迁移与应用，将间接经验建构成新知识。

基于体验性原则设计数学建模教学时，要注意以下几点：① 教师要给学生思考和实践的空间和时间，在教学过程中提升学生的自主性，并适时进行适当的引导，增强学生的体验感，促进学生深度建构新知识。② 在教学过程中，学生应获得一定的实践活动机会。实践除了外出的体力活动与实地（实物）测量外，还包括联想、计划、查资料、小组讨论、收集数据、分析整理、归纳总结、撰写数学建模论文等。

（三）合作性原则

合作性原则是指教师在数学建模教学过程中，帮助学生创设良好的人际沟通与合作空间，营造"平等、协作、严谨、互助"的学习氛围。每个学生都有不同的环境和独特的经历，不同的学生对如何分析和解决问题有着不同的观点和想法，通过合作交流会"碰撞"出新的观点和方法，进而提升数学建模教学的创造性。在合作的过程中可以培养学生沟通、协作的能力以及良好的集体意识，进而提升学生的综合能力。其中，合作性原则不仅仅存在于学生与学生间，教师和学生也是一种独特的合作关系。数学建模教学是"师"与"生"共同完成的，教师的角色既是引导者也要是合作者，通过和教师的不断沟通，学生的学习效果也会逐步优化。

进行数学建模教学设计时要注意坚持合作性原则：① 教师可以在教学前让学生进行组队，例如，参照数学竞赛的形式，组织学生以组队的形式共同完成学习。每组人数控制在 3 ~ 5 人，每组人数过多会影响学生在探究过程中的体验。② 教师要注重培养学生良好的团队意识，促进队员之间形成良好的合作关系，如有学生出现边缘化、拒绝沟通等情况，教师要及时介入并调节，保证每个学生都处于有效率的数学建模学习过程中。③ 教师可以在教学过程中，深入每一个小组参与小组讨论，适当地提出引导性的建议或对已有成果做过程性评价。

（四）分层教学原则

高中数学建模教学应与学生的数学认知结构保持一致。根据分层教学原则，教师要因材施教，全面提升不同层次学生的学习效果。教师要注重设计适合学生的数学建模教学目标和要求，结合学生的"最近发展区"，深度发掘适合学生学情的数学建模问题，针对不同层次的学生制订相应的建模评价标准。

数学建模是一个复杂且漫长的过程，要想提高部分学生的创造性思维能力，必须从教学入手。对于具有良好创造能力的学生可以实行"教师提出问题—学生自主合作探究—教师引导—学生再合作探究—教师评价"的教学流程；对于创造力一般的学生可以实行"教师提出问题—教师引导—学生自主合作探究—教师提示—学生再合作探究—教师评价"的教学流程。这不仅能促进学生有效地学习数学建模，还能提升不同层次的学生对高中数学建模的学习兴趣。

分层教学原则也要注意每个学生的知识储备、认知水平以及进行数学建模的时间分配是不一样的，教师要根据每个年级的具体实际情况来实施分层教学。高一年级要引导学生掌握数学建模的概念、流程和基本方法，在教学中尽量选取贴近现实生活的建模问题，设计一些更易实现的数学建模活动，培养学生的数学建模意识和兴趣；高二学生的知识储备不够丰富，但已经具备了一定的解决问题的能力，逻辑思维有了一定的提升，学习时间较多且可选择的解决策略也更丰富，教师可以为其选取一些具有挑战性的典型数学建模案例进行研究，并鼓励学生通过自主探究和学习查阅资料、数据检索，完成数学建模论文；高三学生已基本完成所有的必修内容，可以接触一些有较强的现实价值和综合性数学建模问题，教师应给予学生充分的时间进行自主合作讨论，最终撰写数学建模论文。

（五）评价性原则

评价性原则是指数学建模教学应具备评价框架，教师应当结合《普通高中数学课程标准》的要求，在学习过程中对学生进行过程性评价以及综合性评价。教师通过观察学生完成数学建模的全过程，对一个小组或个人在数学建模过程中所表现出来的思维结构进行划分。由于数学建模没有固定的方法及答案、综合性较高，教师应提前准备结构化的评价框架，对各个板块进行编码和评价，最终在论文汇报时给予学生对应的评价。通过教师评价，可以促使学生从已有的模型中建构新的模型，并认识到数学建模的作用。教师的评价还可以帮助学生解决在数学建模学习过程中的一些疑问，引发学生思考自己的成果在知识结构中的作用、优势、不足、局限以及改进的方向，从而帮助学生构建数学建模学习观。

除了教师对学生的评价，数学建模教学的过程中也需要设计学生的自评和互评环节。学生需要对自己的学习过程进行评价或对自己、他人的模型进行评价。评价不是某个独立的学习阶段或环节，它可以穿插在各个阶段，使学生对所学知识及学习过程主动进行质疑、批判与评价，培养学生自主学习和理性批判的精神。

综上，在设计基于深度学习的数学建模课程时需要遵循以下五点原则：问题性原则、体验性原则、合作性原则、分层教学原则、评价性原则。

三、基于深度学习的数学建模教学的教学策略

（一）创设良好的教学情境，挖掘现实问题融入课堂

数学建模是将数学应用于现实世界的重要形式，教师应引导学生体验完整的数学建模流程，在体验中实现对数学知识的内部建构。在学生初步接触数学建模教学时，教师应当根据学生的"最近发展区"选择简单且贴近学生现实生活的数学建模问题切入教学，让学生通过自主探究和合作交流等方式来获取信息、经验、体验和联想，从而形成一定的数学认知结构。事实上，在高中数学中的概念、定义和定理背后，都有着深刻的数学背景或现实需要。在教学中创设教学情境，既可以使教材内容更加直观，又可以提升学生学习数学的兴趣，让学生感受到数学在生活中的价值。

教师要通过具体的形象来表达抽象的数学知识，有目的地将生活场景与数学建模教学相结合，设计适合学生的问题，创设发散性、创造性的问题情境，为学生搭建充分表达的平台，推动学生深度参与。因此，教师应多留意和积累生活中的数学问题，将其深度加工之后，引入数学教学。

（二）以问题驱动为导向，在教学中形成"问题链"

教学中的问题能推动教学并激发学生学习数学的积极性。数学建模教学

中，不能一味地强调自主探究而忽视理论支撑，学生应在教师的引导下，围绕着具有挑战性、结构化的学习材料有目的地学习。

教师应当提前准备教学方案，并对学生在学习过程中可能出现的难点和困惑进行预设；教师应以问题驱动为导向，设计一系列的问题链，并逐步提高难度，从教师引导的"面对问题"转向学生自主探索的"提出问题"；教师应总结学生在学习过程中出现的疑问，多维度启发学生思考，深度挖掘数学问题中蕴含的数学建模思想与方法，让学生探索数学知识的逻辑性和层次性；教师应以问题链为线索，循序渐进地引导学生主动思考、挖掘并提出有价值的数学问题，让学生深度参与课堂的全过程，促进学生深度学习。

（三）尊重教学规律，重视教学的系统性和持续性

数学建模区别于传统数学教学，其关键环节为数学建模的"过程"和"活动"。但在传统数学教学中，学生大多接受的是"一个情境引出概念，通过例题完成变式，大量练习巩固知识"的教学模式，并不利于学生思维能力的拓展。

因此，教师应尊重教学规律，从低起点出发，开展数学建模教学。在教学前期，教师引导学生感受数学建模的概念，如"数学建模的本质探索——对比数学建模和数学应用题的异同""数学建模和数学模型的界定""数学建模的分类""数学建模的一般流程"等。在学生对数学建模流程有了基本认识之后，教师就可以组织学生按照数学建模的一般流程进行自主探索。在这个过程中，教师应当重视数学建模教学的实效性，有目的地促进学生的数学建模水平得到相应提升。在数学建模完成后，教师可以带领学生对数学建模流程以及建立的模型进行总结，强化数学建模结构，明确每一环节的具体任务，帮助学生形成系统性的教学知识结构。

（四）依托信息技术和网络平台，提升教学的可视化程度

《普通高中数学课程标准》中重点提出了要注重信息技术与数学教学的融合，但是在传统的数学教学过程中，教师很少利用信息技术和网络平台进行教学。因此，数学建模也需要依托网络平台的优势，采取多样化、有时代特征的学习形式。教师应当引导学生自主地查找文献、搜集数据、数据处理，并在教学过程中介绍一些论文检索的官方网站以及数据处理的软件。在数学建模教学

中使用信息技术既可以提高提升教学的可视化程度，还可以提高学生的数据处理能力，进而提升课堂效率。学生在撰写数学建模论文时，教师可以对数据处理软件进行讲解与介绍，例如，教师可以引导学生利用图表更好地完成数据可视化。

数学建模学习的容量大、学习方式灵活多样，搭建网络平台进行数学建模教学更有助于数学教学的延伸与发展。教师和学生可以依托校园网络平台、微信公众平台，在线进行数学建模交流。教师可以搭建数学建模交流平台，定期发放数学问题以及优秀数学建模论文，促进学生深度体验数学建模教学。

（五）创建学习共同体，构建评价体系促进深度学习

深度学习并不意味着学生需要独立完成数学建模教学的整个过程，教师可以组织创建一个"师生""生生"相互帮助的学习共同体。学习共同体中的每一方都应该积极参与，并且共同享受数学建模的魅力和快乐，从而顺利完成数学建模学习的目标。创建学习共同体有利于调节教师与学生的关系，为深度学习提供良好的平台。学生初步了解数学建模之后，教师可以鼓励学生通过小组合作分工的方式进行数学建模，以解决实际问题。同时，教师要做到因材施教，为不同层次学生提供个性化的指导与帮助。

教师需要建立完善的数学建模评价框架，对学生的成果进行评价。评价的内容不应该局限于最终的数学建模论文或其中的解答步骤。在教学时间允许的情况下，教师可以组织学生开展论文汇报交流，在数学建模的全过程中，从多维度对学生进行评价。

四、基于深度学习的数学建模教学的实施方案

根据以上深度学习的数学建模教学的原则和策略，笔者设计了基于深度学习的高中数学建模教学的实施方案（如图 6-4 所示）。

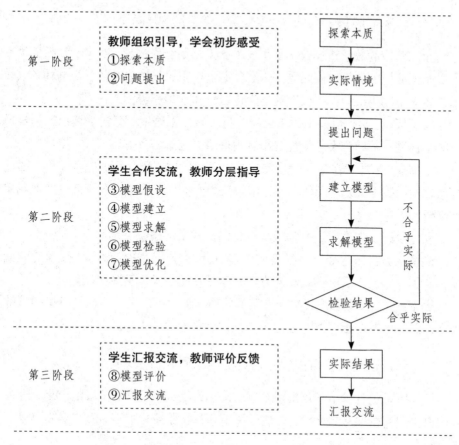

图6-4　基于深度学习的高中数学建模教学的实施方案

（一）第一阶段：教师组织引导，学生初步感受

第一阶段教师需要带领学生初步感受数学建模，这一阶段主要由教师主导，学生通过课堂中的材料对数学建模形成初步认识。

探索本质：教师深度挖掘现实情境，准备并设计教学材料，引导学生探索数学建模的概念，简单介绍数学建模的分类、数学建模的现实应用价值，初步介绍数学建模的一般流程，激发学生对数学建模的好奇心。

问题提出：教师引导学生从现实世界出发，通过联想，发现问题、提出问题，并从数学角度进行多维度分析，将现实问题转化为数学问题，并浅析其背后的价值与应用。

（二）第二阶段：学生合作交流，教师分层指导

第二阶段的数学建模教学采用 3～5 人小组合作的形式开展，教师提供一个具有挑战性的数学建模问题，学生自主合作完成数学建模的学习与体验，教师需要对不同小组和不同层次的学生进行针对性地指导。

模型假设：学生以小组为单位对信息进行加工处理、分析、概括，初步形成数学描述，并结合实际情境提出合理假设与问题解决方案。

模型建立：学生在综合的情境中，对已知模型、数学知识进行迁移，描述变量之间的数学关系，用数学的方法解决数学问题，确定参数，创造性地建立数学模型。

模型求解：学生通过科学且多样化的方式求解模型。

模型检验：学生通过多维度的检验方式，分析数学模型与实际问题的偏差，若偏差较大，需要尝试新的方法，建立新的数学模型解决问题。

模型优化：在模型检验中，若偏差较小，学生可以进一步提升模型的求解精度，深度思考是否可以通过进一步优化，实现数学模型的迁移和推广。

（三）第三阶段：学生汇报交流，教师评价反馈

第三阶段包含总结和评价环节，由学生讨论、交流第二阶段的成果，进一步完成学生和教师共同评价，并通过反思和自我监控，使学生的数学能力得到提升。

模型评价：联系现实情境，获得现实结果。小组将数学建模的过程总结、撰写成数学建模论文。在总结的过程中评判数学模型的优缺点并进行未来展望。

汇报交流：以团队的形式进行交流汇报，学生通过幻灯片、投影等方式对数学建模的全过程进行总结，分享成果。学生对自身进行评价，随后组员之间进行互评，共同总结数学建模学习过程中的收获以及感悟。教师对小组、学生进行评价，并提出改进的方向，必要时可以向学生介绍一些典型的数学模型，拓宽学生的视野，增加学生的知识库。

（四）基于深度学习的数学建模教学的评价框架

由于数学建模的开放性，模型的建立与求解的方式多样化，问题的答案往

往不唯一。对于学生的数学建模能力的考查是一个灵活的过程，无法用常规的数学测试卷去评估学生的数学建模水平，所以笔者结合《普通高中数学课程标准》中数学建模核心素养的水平划分以及 SOLO 分类评价法建立了评价体系（如表 6-2 所示），从多维度对学生在数学建模学习过程中的表现进行评价。

表 6-2　数学建模水平评价框架

步骤	水平一	水平二	水平三	水平四	水平五
问题提出	无法从实际情境发现问题	能够从简单情境中发现问题，但是数学描述较为模糊	能够从实际情境中发现问题并将其部分转化为数学问题	能够从实际情境中发现问题并将其转化为数学问题，知道数学问题的价值	能够从综合的情境中发现问题并运用数学思维分析发现的数学问题，知道数学问题的价值
模型假设	无法提出假设或提出的假设与实际不符	提出部分合理假设，假设与实际存在较大差异	结合数学问题提出合理假设，假设与实际存在部分差异	结合数学问题，提出合理假设，假设与实际存在较小差异	结合数学问题，提出合理假设，假设对实际结果影响微小
模型建立	无法概括出模型中的变量且没有建立数学模型	对部分变量做出了相关说明，并且能建立简单模型	对变量的实际含义做出了说明，选择了合适的数学模型	能够在关联的情境中，发现变量之间的联系，选择了合适的数学模型	能够在综合的情境中，学会对已知模型的迁移；能描述变量之间的数学关系，并且创造性地建立数学模型
模型求解	无法求解	借助一种适当的方法求解模型	通过一种较为合理的方法求解模型	通过两种及以上已知的方法求解模型	通过多种方法求解模型，求解方法新颖且具有创造性
模型检验	无模型检验	通过简单的模型检验，与实际的范围偏差较大	通过初步的模型检验，与实际的范围偏差较小	通过双重视角进行检验，与实际的范围偏差较小	从多维度进行检验与分析，与实际的范围偏差很小
模型优化	无模型优化	对现有的模型进行简单的优化	用合理的数学方法对现有的模型进行优化	通过多种方式对现有的模型进行优化	通过多种方式对现有的模型进行优化，并进行推广

步骤	水平一	水平二	水平三	水平四	水平五
模型评价	无模型评价	对模型进行简单评价	对模型的优缺点进行了分析	对模型的优缺点进行多角度分析	对模型的优缺点进行多角度分析，并基于现有模型提出合理展望
交流汇报	无法对结果进行阐述	可以对已有的结果进行简单的阐述	能够借助或是引用已有的数学模型结果进行交流	能够完整地概括整个数学建模过程，并用模型的思想说明问题	能够完整地概括整个数学建模过程，并通过数学建模的结论和思想阐述科学规律和社会现象

参考文献

［1］曾子斌，罗小平，向华.新课程背景下高中数学教学模式理论与实践［M］.长春：吉林大学出版社，2018.

［2］常发友.数学建模与高中数学教学［M］.长春：吉林人民出版社，2020.

［3］付秀丽.高中数学教学策略探究［M］.长春：东北师范大学出版社，2018.

［4］顾萍.基于深度学习的数列单元教学设计研究［D］.银川：宁夏大学，2022.

［5］郎小娟.深度学习下的高中数学教学措施探寻［J］.新课程，2022（25）：204–205.

［6］李保臻，孟彩彩，巩铠玮.基于深度学习的高中数学教学设计：基本要求及优化策略［J］.内江师范学院学报，2022，37（2）：1–5.

［7］李保臻，孟彩彩，巩铠玮.基于深度学习的高中数学教学设计研究［J］.教学与管理，2021（25）：62–64.

［8］李秉福.高中数学教学中数学文化的渗透研究［M］.长春：吉林人民出版社，2020.

［9］李抒洋.高中数学深度学习现状调查研究［D］.沈阳：沈阳师范大学，2020.

［10］李正兴.高中数学思想方法［M］.上海：上海科学普及出版社，2018.

［11］林朝冰.高中数学教学探究与实践［M］.北京：民主与建设出版社，2020.

［12］林凤梅.基于深度学习的高中数学教学策略研究［J］.科技资讯，2019，17（31）：144–145.

［13］林霞玉.基于深度学习理念的高中数学学习力研究［D］.福州：福建师范大学，2021.

［14］罗一鸣.促进高中生数学深度学习的策略研究［D］.新乡：河南师范大学，2020.

［15］马俊海，任燕巧.指向深度学习的数学教学设计：一种"逆向"思维的视角［J］.纳税，2018（5）：247.

［16］齐洪震．高中数学教学方法创新探索［M］．天津：天津科学技术出版社，2020．

［17］童其林．高中数学教学的若干思考［M］．哈尔滨：哈尔滨工业大学出版社，2016．

［18］王帅．深度学习视域下高中生三角函数的教学研究［D］．哈尔滨：哈尔滨师范大学，2022．

［19］杨玉洁．基于深度学习的高中导数学习现状及教学设计研究［D］．西安：陕西师范大学，2020．

［20］张妍妍．高中数学教学理论与实践研究［M］．中国原子能出版社，2020．